U0100739

大展好書　好書大展
品嘗好書　冠群可期

大展好書　好書大展
品嘗好書　冠群可期

養生保健 34

＜養生＞
開脈太極

劉 新 著

大展出版社有限公司

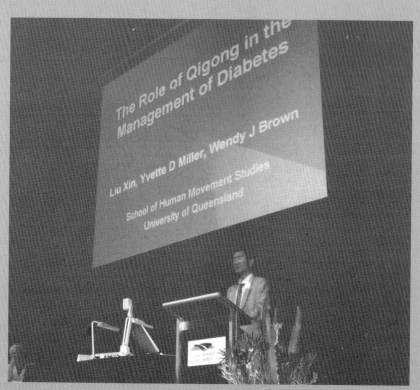

作者在第 6 屆世界中醫針灸學術大會上作專題學術報告（大會特邀代表）

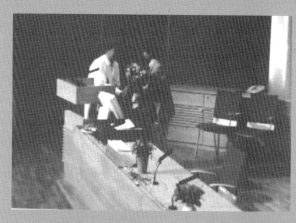

作者應邀在瑞典皇家卡羅林斯卡（KAROLINSKA）醫學院作學術報告後接受鮮花

荷蘭王國國務委員 Erica Terpstra（左）向作者致謝
（中為阿姆斯特丹市市長）

荷蘭華人領袖楊華根先生感謝作者為荷蘭華人體育運動作出貢獻

作者在荷蘭全國太極拳總會主辦的學習班上給教練員講課

作者應新加坡全國中醫師公會邀請在新加坡中華醫院給中醫師作學術講座

作者在為荷蘭芭蕾舞演員做開脈保健舞蹈動作示範

作者向荷蘭自然療法指導師傳授開脈太極

作者帶領荷蘭太極拳總會的教練員練習開脈太極

作者在荷蘭老年保健中心傳授開脈太極

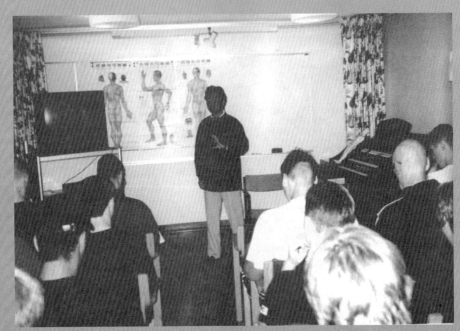

作者在瑞典給學生講課

作者在瑞典與部分學生在一起

作者在中國武術協會給韓國學生上課

作者帶領新加坡的學生在黃山晨練

作者與來自美國、荷蘭、瑞典、新加坡、韓國、日本等國家的部分學生在北京人民大會堂前合影（宴會前）

作者與新加坡的學生在中國國家武術研究院合影

序　言

　　我與本書作者劉新先生相識已十年餘。那是在我剛就任中國武術研究院院長、中國武術協會主席不久，通過考試把他作爲優秀武術研究人才從北京體育大學研究生部，選拔到國家武術研究院工作的。以後的實踐證明，他是一位稱職的武術研究工作者，事業上卓有成效。爲其書稿作序，我由衷地感到高興。

　　劉新先生很勤奮，到任不久就選拔爲我的秘書而經常朝夕相處。他堅持練功，喜歡學習，待人謙和、熱情，對長輩非常尊重，很得同事的好感。

　　劉新先生業務能力很強，他的論文曾入選全國體育科學大會，並獲得優秀論文獎，是非常不容易的。特別是他受瑞典皇家卡羅林斯卡醫學院醫院的邀請赴斯德哥爾摩作學術報告，實在難能可貴！因爲邀請方是世界醫學的聖殿——評審、頒發諾貝爾醫學獎的機構。這是一份令人振奮的殊榮！

　　劉新經常帶著他創編的健身方法出國講學和傳授功法，而且均收到了可喜的效果，使國外許多疾病患者受益匪淺。如在新加坡時還收到了轟動效應，爲此新加坡國家中醫師公會還誠請去給全體中醫師作了學術講座，這是了不起的成就。

　　「開脈太極」的書名令人耳目一新。開脈道破了中國傳統健身運動的關鍵。健身法在中國有數千種，

然而不論形式如何變化，都是以中醫理論爲基礎的，能否使經絡暢通、氣血順達，決定著健身功法的本質，而「開脈太極」被證明具備了這種功能，達到了祛病強身的目的，許多中外習練者所取得的良好效果就是最好的印證。

我親自核對過許多例證，我負責地向大家推薦這本書，百聞不如一練，我相信它會爲習練者帶來身心健康，從而延年益壽！

張耀庭

作者的話

　　自從人類誕生的那天起，上至皇帝下至平民百姓，人們追求健康長壽的願望和努力就從來沒有停止過。雖然根據生物學原理，人的壽命被公認爲應該是 120 歲，但現代人鮮有活到這個歲數的，因而長壽老人的生活方式的規律和特點常常是人們想知道並希望遵循的長壽模式。

　　據最近的報導，醫學家對北京 100 多歲的長壽老人作過一個調查統計，結果是，他們的生活方式不是如人們所想像的那樣應該很相似，而是非常地不同。

　　比如說，過去養生家們經常宣導，早睡早起身體好，而在這些長壽老人中，有早睡早起的，也有一輩子晚睡晚起的。

　　同樣的，如飲食，過去健康學家經常告誡人們，尤其是老年人，少吃肥肉，以免增加太多的膽固醇，而這個統計卻顯示，這些長壽老人中有些人恰恰相反，他們經常吃肥肉，而且是越肥的肉越喜歡，有的竟然還抽煙。我的祖母都八十多歲了，也對肥肉情有獨鍾，跟她差不多年代出生的鄰居們七十多歲都早早地走了，有的甚至更早些。

　　那麼，這些長壽的老人有沒有共同的特點呢？答案是有。那就是他們都愛活動、愛運動，不懶惰；都心胸開闊，性格隨和，凡事想得開，不斤斤計較，對發生事情的包容性比較強，心地也善良。

　　這就說明了運動和性情對人們的健康長壽是非常重要

的。而談起運動，大概沒有人會反對、會質疑，都會說運動是好的，運動對健康是有益的，政府也在提倡運動。但是這裏有兩個問題：

第一，是不是只要運動就好，答案當然不是。比如，醫學家們通常會講劇烈的運動不適合嚴重的心臟病患者，患嚴重心臟病的人應該做緩慢的運動。

第二，從醫生的觀點看，這項運動是適合你，但是不是存在著不同的操作方式會帶來不同的效果呢？

記得我在新加坡講學時，家人在電話裏告訴我：「你……叔叔去世了，很不幸，我們都感覺很突然，因爲，他身體一直很好，每天運動，可是，就在昨天早晨去打豆漿的路上，突然不行了，一頭倒在地上，再也沒有起來。送到醫院，醫生說，早就斷氣了。」

我有一位多年的老朋友是北京語言大學的教授，她曾經介紹了一位患癌症的病人（是她的中學同學，東北某中學的校長）給我，看看有沒有一些輔助的辦法能幫助他。他一見到我就說：「我很喜歡運動，練了幾十年的太極拳，這項運動很適合我，所以，我幾乎每天都不間斷，可是怎麼也想不到我會得這種病，眞的是很難接受這個現實……」這是爲什麼？難道運動有問題，或是沒有什麼用？長期以來，我一直在思索著這個問題。

同時我也發現，許多人在跟我健身時，取得了很好的效果，而有些人效果一般。

如我代表國家應新加坡體育理事會的邀請在新加坡講學時，有位謝女士高興地在結業典禮上發言：「我今年57歲，在一年前發現頸項左邊靠近耳旁有一個腫塊，經中央醫

院專科檢查認爲是良性，沒有給我任何治療。雖說是良性，但我還是很擔心，每天用手摸摸它，感覺腫塊的大小。在我參加了劉新老師的保健養生訓練班，大概兩個星期後，我摸觸到腫塊小了很多，而且還鬆軟了，高興極了，所以我感覺到這個健身方法眞的是很神奇……」

後來，我發現鍛鍊時，雖然是同一種運動方式，側重點不同，竟會帶來不同的效果！也就是說，不同的實施運動的方法會帶來不同的效果。

那麼，它究竟是什麼樣的方法呢？人體是否存在著一個健康的秘訣留待我們去探索、去破譯？

我受過正規的學校教育，大學畢業後又專門攻讀健身方法的博士學位。原來只是想到快速、激烈的運動對青少年有好處，緩慢、量小的運動適合於中老年人，再進一步，就是按照病情安排運動。現在回頭一看，都太淺了。在中醫學，如針灸，在世界許多國家越來越受歡迎的今天，許多外國友人對它都感到神奇，繼而對它所依託的理論——中國的經絡學說產生了極大的興趣，感到不可思議。

其實，古人發現經絡至今至少有兩千多年的歷史。對於神奇的經絡，我們會自然而然地提出一個問題：古人是怎麼發現經絡的？可喜的是，中國的一些科學家經過多年的辛苦努力透過現代科學的技術證明了經絡的客觀存在。但是，在古代科技並不發達，經絡究竟是怎麼被發現的。其實，即使是現在，我們也很難做到這一點，一些科學家僅僅是證明它的存在而已，也就是說，在古代，它是由一種特別的訓練來感知的。有很多古人都是長壽的，如彭祖，據說活了八百多歲。

那麼，古人究竟是怎樣感知經絡的？而他們又是怎樣運用經絡達到袪病延年的效果呢？這裏一定存在著一個健康的「秘訣」。

作者經過多年的研究，在廣泛查閱文獻的基礎上，邊科研、邊敎學、邊領悟、邊印證，現在終於破譯了這個「密碼」——這就是開脈養生，並將其鍛鍊方法定名爲開脈太極。

在研究過程中，我發現不論是文獻資料，還是老一輩著名養生學家都認爲：「人體五臟六腑是由經絡組成的，經絡中氣血運行的好壞直接關係到人體的健康。運行通暢，人體健康無恙，否則就會患病。」那麼，如何達到這個目的呢？

首先須使經脈得到開通，才能爲氣血在經脈中的順行無阻創造有利的條件。開通經脈，即開脈，是指打通經絡中的阻隔，是氣血運行通暢的關鍵點和前提條件。實施開脈的具體方法應遵循太極理論所闡釋的事物變化規律，太極——兩儀——四象——八卦——萬物——回歸太極，這種變化規律具有周而復始、循環往復的特點，符合圓的道理。而運動軌跡中，唯以圓道爲最順達，這樣的運動方式容易使鍛鍊獲得良好的開脈效果，這就是如何使運動養生獲得最佳效果的奧妙之處，也正是開脈太極名稱的由來之一。

忽視這一特點的健身運動與一般的西方式體操運動並無太大的區別，是不能充分體現中華民族具有數千年歷史的養生精粹的。今天回頭看去，破譯它的確需要一些條件，需要一個過程，還有我們如何去理解、去實施。

開脈太極是一套既尊重傳統又符合現代人所需求的，是

進行了創新式發展的行之有效的養生方法，它是在「繼承、體驗、總結、創新、發展」的基礎上，時刻遵循著「尊古訓而不墨守成規，重實效而不嘩眾取寵」的原則下誕生的。不尊重傳統是數典忘祖，也無本可依，而不符合現代人們的需求則是閉門造車，故步自封，脫離實際，也將是毫無價值，因此，兼顧二者則是必需的、合理的、科學的。鄧小平同志講：「發展是硬道理」也即是此理。

　　這一健身方法到目前為止，已使許許多多的人受益，尤其是在新加坡、荷蘭、瑞典等國家和地區，關於此方法的手抄本就有幾種，人們都在企盼著這本書的正式出版。

　　雖然早已經有一些出版社，包括新加坡著名的時代TIMES出版社（曾出版《李光耀自傳》），表達了出版此書的願望，並將他們已經簽好的出版合同寄給了我，以表達他們出版這本書的誠意，但由於工作和社會活動繁忙等原因，一直沒有付梓。

　　同時，我個人也有一個想法，我是一個中國人，這一系列養生方法來源於中華民族的祖先，要出版，最好由我們自己的出版社來出版。現在，我很高興，能在眾多人們的關心和支持下，此書很快就要跟大家見面了。希望這本介紹古老而又現代的開脈養生方法的書，能使人們少走彎路，避免「空練」，使更多的人受益。

　　人類健康長壽的研究正如歷史之長河永無止境，還有更多的健康奧妙需要我們去進一步地探知，使之更好地造福於人們。同時，由於本人水準有限，懇望專家、學者給予指點，不吝賜教，共同探索，繼續發展這一項對人類、對社會有意義的事業。

最後，我謹借此機會，向養育我的父母親大人、多年培育我的良師們以及那些在本書的寫作過程中給予幫助並一直關心、愛護這項健康事業的人們表示衷心的感謝！

劉　新　於北京

目　錄

基　礎　篇

疏導經脈篇

開脈太極篇

開脈保健舞蹈篇

常見穴位圖解

常見經絡圖

基礎篇

基礎理論的掌握和內功的訓練是學習傳統健身方法的入門階段和必經階段，練功不經過這一階段，就如同無源之水、無本之木，像沒有打地基的樓房一樣，難以獲得健身活動應該達到的目的和效果。

　　談起內功的訓練，自然關係到丹田之氣的訓練。臍及臍下的丹田處是人體元氣貯藏之處，《醫學源流論》論及此處是「陰陽闔闢存乎此，呼吸出入繫於此，無火能令百體皆溫，無水能令五臟皆潤。此中一線未絕，則生氣一線未亡，皆賴此也」。同時，人在胚胎時期依賴臍與母體的連接而從母體中獲得營養，漸漸發育成人。有人報導，意守丹田可使人體內的生理活動恢復胚胎時期的狀態，極易使人獲得先天本能。由此可見，在開脈養生的基礎階段中，意守此部位的訓練顯然是非常重要的。我們首先要啟動自身丹田之氣，激發、培育體內真氣，才能為獲得良好的保健效果做好準備，即所謂內因決定外因也。這也就不難理解為什麼丹田內氣的訓練和獲得，被歷代中醫學家與養生學家視為重中之重了。

　　本篇介紹的養生方法，是作者從多年的練功實踐中總結出來的簡單、實效的開脈太極內功基礎訓練部分之一。實踐中，這一部分的內容既可用於開脈太極的基礎訓練，也可作為其他健身方法的輔助訓練。

一、概　論

（一）開脈太極及其作用

1. 什麼是開脈太極

開脈從狹義上來講是開通經脈之意。根據中醫學理論，人體是由經絡組成的。經絡分佈全身，將人體內、外、上、下連接為一個整體。每一個臟器都有一條歸屬的經脈，如手少陰心經脈歸屬於心臟（見經絡圖五，在後面的「常見經絡圖」，下同）。氣血流動於經絡中，如其運行發生阻礙，則人體發生疾病。

一般來說，哪條經脈發生氣血阻隔，那麼，它歸屬的內臟就會出現問題，如手少陰心經脈出現氣血阻隔，心臟病就會發生。正如中國最古老的醫學經典《黃帝內經》所言：「經脈者，所以決生死，處百病，調虛實，不可不通。」一個「通」字說明了人體健康的關鍵所在。因此，中醫界有「通則不痛，不通則痛」一說，這說明開通經脈是人體健康的重要條件。

根據中國醫學關於人體患病的總的經絡學病理——「經絡阻隔，氣滯血淤」，使人體健康的主要原則之一即是「開通經脈，打通經絡阻隔，活血化淤」，實現此原則的關鍵就是開脈養生。

太極是大家熟悉的中華哲學文化的一個概念。中國古

老的哲學經典《易經》曰：「易有太極，是生兩儀，兩儀生四象，四象生八卦。」《太極圖說》的作者北宋周敦頤提出「太極→二氣→五行→萬物」的宇宙模式。可見，萬物皆始於太極，太極又蘊涵陰陽變化之哲理，因此，萬物之變化也皆可以太極理論釋之。太極既是中華民族文化的一個象徵詞，具有濃厚的民族性，又可喻萬物之起始、之變化，可謂無所不及。

　　開脈太極中的太極是指事物從原始的混沌狀態開始變化，最後回到開始狀態的發展規律。具體來講，即是先從太極（無極）的初始狀態開始練習（意守與母體相連的臍中神厥穴，以啟動、培養人體自身先天之氣，如丹田內氣的練習），然後調陰陽（調動丹田內氣，開通經脈，調節人體陰陽平衡，如調氣開脈和太極樁的練習），陰陽生四象（動作變化開始增多，動作範圍擴展到在原地不同的方向，人體五臟六腑得到初步調節，如開脈五行、疏導經脈的練習），四象生八卦（動作變化越來越多，動作範圍不限於原地，開始如太極拳套路的行進間運動，周身經脈得到暢通，如開脈太極套路的練習），最後回到太極的初始狀態（氣歸丹田）。

　　總之，開脈太極，樸實易懂，顧名思義就是以中醫學為理論基礎，以太極變化規律和開通經脈為主要運動形式和特點，來達到打通經絡阻隔、活血化淤的目的，從而獲得健康長壽的保健方法。它既保留了一般太極運動的主要方法和特點，又針對現代人保健的需求和對運動方法簡單化、運動形式可觀賞性的要求，在繼承的基礎上進行了創新與發展，在海內外的推廣實踐證明，其保健效果顯著，

深受廣大群眾歡迎。

2. 開脈太極的作用

開脈太極除了具有健身作用以外，還有助於手術或大病後的康復，以及減肥和美容等其他許多方面。

同時需要強調的是，根據中醫學理論，人的七情六慾對人體的健康會產生重要的影響，如怒傷肝、喜傷心、憂傷肺、思傷脾、恐傷腎等。

現代醫學研究也證明，人的心理健康也會對生理健康起重要的作用。因此，在日常生活中，除了健身鍛鍊以外，還應該注意調養性情、平衡心理，做到開闊胸懷、康樂養生，這樣才能真正達到開脈養生而健康長壽的目的。

(二) 開脈太極在健身運動中的體現和特點

現代人們的鍛鍊活動五花八門，種類頗多。大致上可分為本土的，如太極拳、養生功、扭秧歌等；外來的，如健身操、瑜伽、拳操舞等。從形式上來分，又有徒手的和器械的。

進行開脈太極鍛鍊的人們在健身活動中有哪些受益呢？首先，我談一談一位老先生的親身經歷。這位老幹部在離職後（用他的話說沒有事幹）學了太極拳，後來，聽說我是太極拳的專家，就請我去他家，他告訴我學了一套太極拳，已練了多年，覺得太簡單了，想請我教他難一點的套路，並很認真地給我演示了一遍他練的太極拳。我看

了之後覺得他沒有真正掌握練習的關鍵，沒有達到開脈的效果，建議他先按我的方法練練，感覺一下，看是否有必要再學難一點的套路。

他當即採納了我的建議，幾天後，他的孫子告訴我，他爺爺按照我指點的招式練了以後，感覺非常好，兩腿、兩臂、兩手發熱，有熱氣流動的感覺，並能清楚地感覺到氣血的流暢，非常舒服。隨後，這位老者對我講：「我練了這麼多年的太極拳從來沒有過什麼感覺，更不用說有這樣特別的舒服感覺了。」我告訴他：「您已經開始獲得開脈的效果了，這對您老的身體會大有裨益的」。他還告訴我：「最近在醫院檢查身體，醫生說我肺部有嚴重的問題，並且有進一步惡化的可能性。」問我有沒有什麼好的方法，我就根據他的肺部情況教了他一些鍛鍊方法。

幾年以後，他高興地告訴我，醫院的檢查結果顯示，肺部問題沒有惡化。

在這裏我要強調的是他心態平和、性格樂觀，並沒有因為離開了工作崗位，沒有了職位而煩惱、沮喪，該吃就吃，該喝就喝，每天按照我教給他的養生方法進行鍛鍊，常年不斷，這一點非常重要。最近見到他時，真可謂是一位鶴髮童顏、滿面紅光的老者。

記得我受國家體育總局委派應邀去新加坡講學時，在新加坡政府主辦的學習班的結業典禮上，有一位林先生在發言中說：

「新加坡體育理事會開辦的養生學習班，特請中國北京的養生研究專家劉新碩士來我國授藝，我便報名參加，認識了劉新師父，這真是個緣分。在劉新師父的諄諄教導

之前，我跟二位師父學了十幾年的太極拳，他們都很保守，只教拳的套路，如二十四、四十二、四十八、八十八、刀與劍等，至於氣如何運用，很少提及。劉新師父卻不同，什麼都點出來，使我受益匪淺，我真是走了十多年的冤枉路。跟劉新師父學了半年，收穫不少，不但能強身健體，還能有助於治療多種疾病，如心臟病、肺病、胃病、糖尿病、高血壓等，衷心感謝師父！……」

而有一位西方人的體驗和經歷卻有一些不同。她是一位歐洲人，教授太極拳和其他中國傳統健身方法多年，並學過中醫，用針灸、中藥給病人治病，每週都有二三百名學生跟她學習和鍛鍊，這在歐洲已經是很了不起的。她跟我學練開脈太極，感覺很特別，就像談戀愛的感覺，好極了！

她回國後給我來信說：到家的第二天早晨，像往常一樣，她開始復習過去學的一種太極拳套路，準備上課，然而發現按原來的方法練習太極拳沒有感覺了，找不到練習開脈太極時那種清晰的舒服的感覺，後來，她調整了練習方法，重新找到了感覺。

以上實例說明練習開脈太極的好處在於更好地幫助人們開通經脈、運行氣血，達到健身鍛鍊、延年益壽的目的，這正應了中醫學「經脈暢通，百病不生」的理論。

開脈太極的顯著健身效果歸因於它本身具有的特點，具體表現在以下三個方面：

第一，簡便的學習方法。一學就會，一用就靈。

第二，良好的身體感覺。在清晰的氣血暢通感覺中進行鍛鍊。

第三，以開脈為目的的特別的系統化訓練程式。首先培養丹田內氣，為開脈鍛鍊的實施打下良好基礎。其次，重點解決開脈難點。採用調動丹田內氣等方法解決使氣血運行順暢的難點也是關鍵點——開通經脈遠端交匯點，進而暢通全身經脈。然後，強調整體調節基礎上的辨證施法，在對周身五臟六腑實施整體開脈鍛鍊的基礎上，針對身體不同症狀採取不同的解決方法。

(三)開脈太極的理論根據

1. 經絡學說

根據中醫學說，人體的五臟六腑是由經絡聯結而成的。經，有路徑之意，指經絡系統中縱行的主幹；絡，網路之意，指經絡系統中的分支部分。經絡分佈全身，將人體內、外、上、下連接為一個整體。氣血流動於經絡中，如其運行發生阻礙，則人體發生疾病。

《黃帝內經》曰：「經脈者，所以決生死，處百病，調虛實，不可不通。」後人更有「學醫不知經絡，開口動手便錯。蓋經絡不明，無以識病症之根源，究陰陽之傳變」（宋· 竇材《扁鵲心書》）之說。因此，為了取得良好的保健效果，健身鍛鍊者應該首先明白經絡，否則正如養生學家所言：「如盲人騎馬，無所適從。」

具體來講，經絡是由正經脈、奇經脈、絡脈及其連屬部分組成的（表1-1）。

表 1-1 經絡系統組成

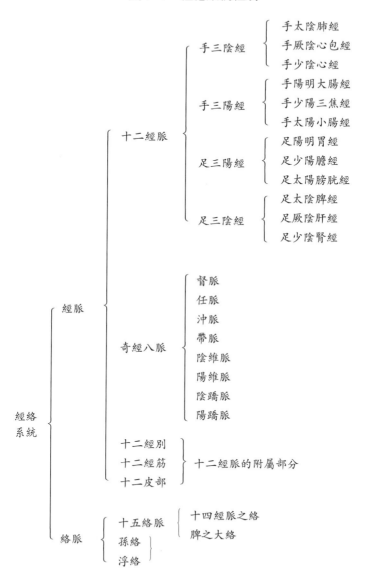

經絡系統

經脈
├ 十二經脈
│ ├ 手三陰經
│ │ ├ 手太陰肺經
│ │ ├ 手厥陰心包經
│ │ └ 手少陰心經
│ ├ 手三陽經
│ │ ├ 手陽明大腸經
│ │ ├ 手少陽三焦經
│ │ └ 手太陽小腸經
│ ├ 足三陽經
│ │ ├ 足陽明胃經
│ │ ├ 足少陽膽經
│ │ └ 足太陽膀胱經
│ └ 足三陰經
│   ├ 足太陰脾經
│   ├ 足厥陰肝經
│   └ 足少陰腎經
├ 奇經八脈
│ ├ 督脈
│ ├ 任脈
│ ├ 沖脈
│ ├ 帶脈
│ ├ 陰維脈
│ ├ 陽維脈
│ ├ 陰蹻脈
│ └ 陽蹻脈
└ 十二經別
  十二經筋
  十二皮部 ── 十二經脈的附屬部分

絡脈
└ 十五絡脈
  孫絡
  浮絡 ── 十四經脈之絡
         脾之大絡

（1）正經脈

正經脈有十二條，即起於或止於手上的六條：手太陰肺經（見經絡圖一）、手陽明大腸經（見經絡圖二）、手少陰心經（見經絡圖五）、手太陽小腸經（見經絡圖六）、手厥陰心包經（見經絡圖九）、手少陽三焦經（見經絡圖十）。起於或止於足的六條：足陽明胃經（見經絡圖三）、足太陰脾經（見經絡圖四）、足太陽膀胱經（見經絡圖七）、足少陰腎經（見經絡圖八）、足少陽膽經（見經絡圖十一）、足厥陰肝經（見經絡圖十二）。以上合稱十二經脈（表1-2、3）。

表1-2　十二經脈行走向與交接規律表

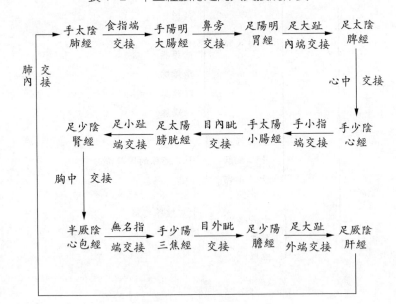

表 1-3　十二經脈氣血循環流注表

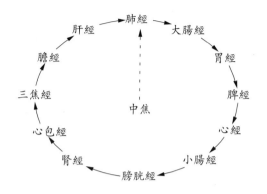

（2）奇經八脈

奇經八脈有八條，即任脈（見經絡圖十三）、督脈（見經絡圖十四）、沖脈（見經絡圖十五）、帶脈（見經絡圖十六）、陰蹻脈（見經絡圖十七）、陽蹻脈（見經絡圖十八）、陰維脈（見經絡圖十九）、陽維脈（見經絡圖二十）。

上述十二經脈和奇經八脈最為常用，故介紹之，其餘略。

經絡學說是開脈養生的重要理論依據之一，所以開脈太極將循經取動、循經作勢和以指代針、循經點穴等原則與方法貫串於其具體的練習方法之中。

2. 精、氣、神學說

（1）精

精是來自於父母的生命物質與後天水穀精微相融合而

形成的一種精華物質，是人體生命的本原，是構成人體和維持人體生命活動的最基本的物質。

人體之精的來源，以先天之精為本，並得到後天之精的不斷充養，二者相互促進，相互輔助，如此人體之精才能逐漸充盛。

腎為「先天之本」之說：由於先天之精主要藏於腎，並在後天之精的資助下化為生殖之精以繁衍生命，因而稱腎為「先天之本」。

精與氣：精屬陰而有形，藏寓於臟腑之中，但主要藏於腎中；氣屬陽而無形，運行於全身上下內外。

（2）氣

氣的鍛鍊歷來被傳統養生學家所重視，開脈太極也不例外。

中醫學的氣概念，可能源於古人對人體生命現象的觀察。古人透過對人體自身某些顯而易見且至關重要的生命現象，如呼吸時氣的出入、活動時隨汗而出的蒸蒸熱氣等的觀察，產生了對氣的樸素而直觀的認識，加之在傳統功法的鍛鍊中體悟到的氣在體內的流動，於是在樸素認識積累的基礎上進行推測、聯想、抽象和純化，逐漸形成了人體之氣是人體中的能流動的細微物質的概念。

根據中醫學理論，氣是人體內活力很強運行不息的極精微物質，是構成人體和維持人體生命活動的基本物質。氣運行不息，推動和調控著人體的新陳代謝，維繫著人體的生命過程。所謂「氣聚則生，氣亂則病，氣散則死」，說明了氣在人體生命中的作用。氣的運動停止，則意味著

生命的終止。而在傳統運動鍛鍊中，能否出現「氣至」的經絡現象，與療效好壞直接相關。

①氣的含義

a. 構成人體和維持人體生命活動的精微物質，如水穀之氣、呼吸之氣等。

b. 指臟腑、經絡的功能，如經絡之氣、臟腑之氣、心氣、胃氣、宗氣、營氣、衛氣等。

②人體之氣（《黃帝內經》稱為「人氣」）的生成

a. 先天之氣（元氣、原氣、真氣），來源於父母的生殖之精，為人體生命活動的原動力。

b. 後天之氣（宗氣），來源於飲食的水穀精微和自然界的清氣。

③氣的分佈

a. 行於脈中為營氣。

b. 行於脈外為衛氣。

c. 穀氣與自然界清氣相聚於胸中者為宗氣。

d. 分佈於臟腑、經絡者為臟腑之氣、經絡之氣。

④人體之氣的功能

a. 激發和促進人體的生長發育和各臟腑經絡的生理功能，氣的推動作用是人體生命活動的基本保證。

b. 與體溫的恒定、臟腑機能的穩定發揮及精血津液有序的運行、輸布、代謝密切相關。人身之陽氣可由氣化產生熱量，使人體溫暖，消除寒冷；人身之陰氣具有涼潤、制熱的特性。

c. 防禦作用。當邪氣入侵人體某一部位時，機體正氣就會聚集該處，發揮抵禦邪氣、驅邪外出的作用。氣的防

禦功能決定著疾病的發生、發展和轉歸。

d.對於體內血、津液、精等液態物質有固護、統攝和控制作用。

e.人體內部各個臟腑組織器官之間是相對獨立的，但是它們之間充滿著氣這一物質。氣是生命資訊的載體，充斥於人體各個臟腑組織器官之間，成為它們相互聯繫的仲介。人體之氣的仲介作用，主要是指氣能感應傳導資訊以維繫機體的整體聯繫。

（3）神

神是人體生命活動的主宰及外在總體表現的統稱。精、氣、血、津液是產生神的物質基礎。

（4）精、氣、神三者的關係

人體生命來自於精，生命活動的維持依賴於氣，生命活動的體現和主宰即是神。精、氣、神三者之間存在著相互依存、相互為用的關係。精可化氣，氣能生精，精與氣之間相互轉化；精氣生神，精氣養神，精與氣是神的物質基礎，而神又統馭精與氣。因此，精、氣、神三者之間可分而不可離，稱為人身之「三寶」。

（5）氣與血的關係

氣與血是人體內的兩大類基本物質，二者密切相關，有「氣為血之帥，血為氣之母」之說。

①「氣為血之帥」

a.氣能生血。指在營氣、津液和腎精本身的生成以及

轉化為血液的過程中，每一個環節都離不開相應臟腑之氣的推動和激發作用，這是血液生成的動力。

b. 氣能行血。指血液的運行離不開氣的推動作用。

c. 氣能攝血。指氣的固攝作用保證了血液能夠正常循行於脈中，這主要體現在脾氣統血的生理功能之中。脾氣充足，發揮統攝作用使血行脈中而不致溢出脈外，從而保證了血液的正常運行及濡養功能的發揮。臨床中發生大出血的危重症候時，用大劑補氣藥物以攝血，正是這一理論的應用。

② 「血為氣之母」

a. 血能養氣。指在人體各個部位中，血不斷地為氣的生成和功能活動提供營養，故血足則氣旺。血虛的病人往往兼有氣虛的表現，其道理即在於此。

b. 血能載氣。指氣存於血中，依附於血而不致散失，並賴血之運載而運行全身。

血屬陰，氣屬陽，二者之間的協調平衡影響到人體生命活動的正常進行。「血氣不和，百病乃變化而生」（《素問‧調經論》）。因此，調整氣血之間的關係，使其恢復協調平衡狀態是治療疾病的常用法則之一。

3. 丹田及其位置

丹田一詞來源於道家。從古至今有「靈丹妙藥」一說，即指從眾多的藥品中提煉出來的療效極高的精華，具有顯著的袪病延年的作用。故道家和醫家將在人體中經過一定的特別鍛鍊後由生理變化所產生的生命動力——真氣，稱之為「丹」，而產生丹的部位就為「丹田」，是人

體生命力的源泉，相當於人體的「核能量發電站」。因此，丹田不是一個穴位，也不是一個點或面，而是體內的一個立體空間，一般是指臍至臍下三寸的小腹部位。

另有三丹田之說，雖眾說紛紜，但一般分為上丹田、中丹田和下丹田。上丹田，兩眉中間；中丹田，臍部；下丹田，腹正中線上，臍下三寸處。

4. 手指同身寸定位法

手指同身寸定位法（acupoint-located method by finger-Cun），是指依據患者本人手指的尺寸折量標準來量取腧穴的定位方法，又稱「指寸法」。常用的手指同身寸有以下 3 種。

（1）中指同身寸

以患者中指中節橈側兩端紋頭（拇、中指屈曲成環行）之間的距離作為 1 寸（圖 1-1）。

（2）拇指同身寸

以患者拇指指間關節的寬度作為 1 寸（圖 1-2）。

圖 1-1

圖 1-2

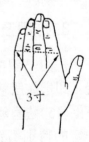
圖 1-3

（3）橫指同身寸

令患者將食指、中指、無名指和小指併攏，以中指中節橫紋為標準，其四指的寬度作為 3 寸（圖 1-3）。四指相併名曰「一夫」，用橫指同身寸量取腧穴，又名「一夫法」。

圖 1-4

5. 太極圖

太極圖是我國古代說明宇宙現象的圖（圖 1-4），是一種用圓形的圖像表示陰陽對立面的統一體，以此來說明世界形成的一種看法。據《太極圖說》的作者宋代理學家周敦頤言，太極是天地萬物的根源，太極分陰陽二氣，由陰陽二氣產生木、火、土、金、水這五行，五行之精凝合而生人類，陰陽化合而生萬物。

6. 陰陽學說

陰陽是一個中國古老的哲學概念，是指事物中相互對立、相互滋生的兩個基本方面。開始時，陰陽是指事物與陽光的關係，即向陽光的面或地方為陽，背陽光的面或地方為陰。後來，隨著觀察面的擴展，陰陽的樸素含義逐漸得到引申，如向陽光處溫暖、明亮，背向陽光處寒冷、晦暗。於是古人就以光明、黑暗、溫暖、寒冷分陰陽。如此不斷引申的結果，人們從實踐生活中發現世上萬事萬物都存在著這樣的規律，因而，也就形成了陰陽學說，用以解釋大自然中具有對立屬性的事物和現象雙方的抽象概念。

陰陽的概念大約形成於西周。

一般來說，凡是具有積極性質的事物則為陽，如興奮的、動的、向上的、向外的、熱的、強壯的、清的、光亮的等；凡是具有消極性質的事物則為陰，如抑鬱的、衰弱的、靜的、向下的、向內的、冷的、濁的、灰暗的等。

春秋戰國時期，醫學家開始將陰陽概念應用於醫學理論之中。就人體部位來講，內部為陰，外部為陽；上部為陽，下部為陰；背部為陽，胸腹部為陰；左為陽，右為陰。就人體內臟器官來講，五臟（肝、心、脾、肺、腎）為陰，因為它們均是儲藏精氣的臟器，其功能偏於靜；六腑（膽、小腸、胃、大腸、膀胱、三焦）為陽，因為它們均是傳送、消化水穀的臟器，其功能偏於動。對於每一臟器本身來講，其物質為陰，功能為陽。對於五臟之間的陰陽關係來講，心、肺在上為陽，肝、脾、腎在下為陰。氣、血之間的關係是，氣為陽，血為陰（表 1-4）。

事物的陰陽屬性，是根據事物或現象不同的運動趨勢、不同的功能屬性、不同的空間和時間等，由相互比較而歸納出來的。因此，事物的陰陽屬性，既有絕對性的一面，又有相對性的一面，若該事物的總體屬性未變，或比較的物件或層次未變，它的陰陽屬性是固定不變的。事物陰陽屬性的絕對性，主要表現在其屬陰或屬陽的不可變性，即不可反稱性。

如上述的水與火，水屬陰，火屬陽，其陰陽屬性一般是固定不變的，不可反稱的。水不論多熱，對火來說，仍屬陰；火不論多弱，對水來說，仍屬陽。其他如天與地、日與月、上與下、升與降等，皆同此理。

表 1-4　事物陰陽屬性歸類表

屬性	空間(方位)	時間	季節	溫度	濕度	重量	性狀	亮度	事物運動狀態
陽	上外左南天	晝	春夏	溫熱	乾燥	輕	清	明亮	化氣 上升 動 興奮 亢進
陰	下內右北地	夜	秋冬	寒冷	濕潤	重	濁	晦暗	成形 下降 靜 抑制 衰退

　　就人體的狀況來講，人體臟器的功能「陽」與其物質構成「陰」保持平衡，即人體內的物質代謝和功能活動能相互作用、相互依賴，則人體生理功能就正常，否則，就生病。這就是所謂「陰平陽秘，百病不生」「陰陽離決，精神乃絕」。

　　說明調節人體的陰陽平衡是十分重要的，因而陰陽平衡的調節被當做開脈養生基礎訓練的重要部分之一。

7. 五行學說

（1）五行學說的基本概念和五行的歸類

①五行學說的基本概念

　　五行，即木、火、土、金、水這五種人們生活中不可缺少的基本物質及其運動變化。五行學說是指上述這五類物質之間相互滋生、相互制約的關係。

②五行的歸類

　　五行學說依據上述五種物質的特性，運用取象類比和推演演繹的方法，將自然界千姿百態、千變萬化的各種事物和現象分別歸屬於木、火、土、金、水五大類，每一類事物和現象都有著相同的或類似的特定屬性（表1-5）。

圖 1-5　事物屬性的五行歸類表

自然界							五行	人體						
五音	五味	五色	五化	五氣	五方	五季		五臟	五腑	五官	形體	情志	五聲	變動
角	酸	青	生	風	東	春	木	肝	膽	目	筋	怒	呼	握
微	苦	赤	長	暑	南	夏	火	心	小腸	舌	脈	喜	笑	憂
宮	甘	黃	化	濕	中	長夏	土	脾	胃	口	肉	思	歌	噦
商	辛	白	收	燥	西	秋	金	肺	大腸	鼻	皮	悲	哭	咳
羽	鹹	黑	藏	寒	北	冬	水	腎	膀胱	耳	骨	恐	呻	栗

（2）五行學說的基本內容

五行的生剋乘侮規律是五行學說的基本內容。

①五行相生與相剋

相生是指一事物對另一事物具有促進、助長和滋生的作用。五行相生的次序是：木生火，火生土，土生金，金生水，水生木，依次相生，循環無盡（圖1-5）。

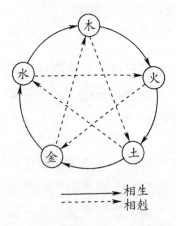

相生
相剋

圖1-5　五行相生相剋示意圖

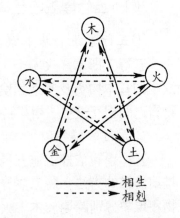

相生
相剋

圖1-6　五行相乘與相侮示意圖

相剋是指一事物對另一事物的生長和功能具有抑制與制約的作用。五行相剋的次序是：木剋土，土剋水，水剋火，火剋金，金剋木，依次相剋，循環無盡。

②五行相乘與相侮

乘，即乘虛侵襲的意思。相乘是指相剋太過，超過了正常的制約程度，使事物之間失去了正常的協調關係。五行相乘的次序與相剋的次序一樣，只是超過了正常的限度（圖1-6）。

侮，即欺侮，有恃強凌弱之意。相侮，即反方向的克制，是指五行中的某一行過於強盛，對原來「剋我」的一行進行反剋。其次序與相剋的方向相反。

（3）五行學說在中醫學中的運用

五行學說是中醫學著名的基礎理論之一，在中醫學中運用到人體五臟六腑，以闡明人體的生理、病理的關係和狀況。如相生關係：木（肝）生火（心），火（心）生土（脾），土（脾）生金（肺），金（肺）生水（腎），水（腎）生木（肝）。

生者為母，被生者為子，如以火為例，由於火生土，故火為土之母，而火為木所生，所以火又為木之子。就人體狀況來講，心為脾之母，又為肝之子，即心之病與脾、肝都有關係。

根據中醫學的五行學說，人體五臟六腑之間的關係十分密切，是相互影響的，而決不是相互孤立的，因此，開脈養生十分重視將周身五臟六腑的整體調理與針對身體不同症狀的具體解決方法相結合，以取得最佳保健效果。

二、開脈太極的關鍵步驟

（一）丹田之氣的啟動

1. 預備勢

正身端坐，全身放鬆，舌抵上腭，嘴唇微合，面帶微笑。兩手先置於兩腿上，手心向下。眼平視前方或輕閉，緩緩地調整呼吸（圖 2-1）。

待呼吸平穩後，兩手翻轉，手心向上，意在手心勞宮穴（見穴位圖解一，在後面的「常見穴位圖解」，下同）的氣血感覺（圖 2-2）。

圖 2-1

圖 2-2

2. 啟動丹田之氣

（1）動 作

兩手相疊於中丹田，即臍窩中點的神厥穴（見穴位圖解二），男性左手在內，女性右手在內，舌抵上腭。兩眼垂簾狀或輕閉（圖2-3）。

（2）要 點

①自然呼吸。

②隨著一吸一呼，意在周身能量不斷地向中丹田匯聚。經過訓練，中丹田漸漸地有微熱感，此標誌著體內「真氣」在啟動，也稱「丹田得氣」。

③初學者取仰臥式，效果較好。

圖2-3

（3）作 用

啟動丹田真氣。丹田之氣的啟動，表現為體內「真氣」的啟動，其標準是「中丹田得氣」。

〖相關穴位〗

勞宮穴、神厥穴。

3. 結束勢

回到開始勢（圖2-4）。

圖2-4

（二）丹田之氣的貯存

1. 預備勢

正身端坐，全身放鬆，舌抵上腭，嘴唇微合，面帶微笑。兩手先置於兩腿上，手心向下。眼平視前方或輕閉，緩緩地調整呼吸（圖2-5）。待呼吸平穩後，兩手翻轉，手心向上，意在手心勞宮穴（見穴位圖解一）的氣血感覺（圖2-6）。

2. 貯存丹田之氣

（1）動 作

正身端坐，兩手虎口交叉（或兩拇指相接）疊於腹前，男性左手在上，女性右手在上，舌抵上腭。兩眼垂簾狀或輕閉（圖2-7）。

圖2-5　　　　　圖2-6　　　　　圖2-7

（2）要　點

① 自然呼吸。

② 隨著吸氣，意想日月精華之氣從鼻腔、周身毛細孔納入體內，匯聚於下丹田，即下腹部關元穴處（見穴位圖解二）。隨著呼氣，意在下丹田之氣散於腹部，下丹田處慢慢發熱，人體能量團漸漸形成。經過訓練，隨著呼氣，丹田之氣漸漸散於腹部，並沿兩臂流向兩手，兩手也漸漸獲得丹田能量而發熱。

（3）作　用

培養、貯存丹田內氣。丹田之氣的貯存，表現為來自父母的先天之氣與來自自然界和水穀的後天之氣的交融與培養，其標準是「下丹田得氣」。

〖相關穴位〗

勞宮穴、關元穴。

3. 結束勢

回到開始勢（圖 2-8）。

圖 2-8

（三）丹田之氣的調動和調氣開脈

1. 開始勢

　　身體自然站立成無極樁，兩手輕貼兩腿外側。頂平項直，嘴唇微合，舌抵上腭，面帶微笑，周身放鬆，緩緩地調整呼吸。眼視前方無限遠處（圖2-9）。

2. 預備勢

（1）動　作

　　左腳向左邁步，兩腿開立成太極樁，兩腳的距離比肩略寬，兩腿自然伸直。兩肩鬆沉，兩手垂於體側，兩腋虛空，五指自然舒張。舌抵上腭，面帶祥和之意。兩眼平視

圖2-9　　　　　　圖2-10　　　　　　圖2-11

前方或輕閉（圖2-10～13）。

（2）要 點

①自然呼吸。

②自然吸氣，只想呼氣。隨著呼氣，意在丹田之氣散於腹部，並沿兩臂、兩腿分別流向手指端和腳趾端。同時，將口中不斷分泌出的唾液意化為毛毛細雨清洗著五臟六腑，把五臟六腑清洗得乾乾淨淨。

開始練習時，有些人可能會有站不穩、緊張、心跳加快等現象，此說明：第一，身體陰陽不平衡、身體虛弱，堅持練習下去，氣血會逐漸得到調和，陰陽趨於平衡，身體狀況得到改善，這些現象就會自然消失。第二，應循序漸進，鍛鍊時間應需漸漸延長。

圖2-12

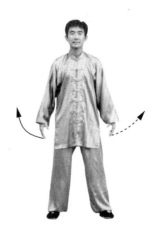

圖2-13

（3）作 用

初步調動丹田真氣，平衡陰陽。丹田之氣的調動，表現為體內真氣的初步流動，其標準是「指（趾）端得氣」。本式為調氣開脈的準備練習。

3.調 氣

（1）動 作

①隨著吸氣，兩手分別向兩側擺起，動如拉氣狀。兩腿隨之伸直。眼看前方（圖2-14）。

②隨著呼氣，兩臂緩緩下落，兩手向內擠壓、相合於腹前，勞宮穴（見穴位圖解一）相對。兩腿隨之彎曲。眼兼視兩手（圖2-15）。

如此重複3～9遍。做完最後一遍動作後，隨著吸氣，

圖2-14

圖2-15

兩手分別向兩側自然擺起，兩腿隨之伸直。眼看前下方或前方（圖2-16）。隨著呼氣，兩手鬆垂於體側，兩腿微屈。眼看前下方（圖2-17）。

（2）要　點

①自然呼吸。

②吸氣時，意在大地清新之氣進入體內；呼氣時，意在聚氣於下丹田和小腹前。

（3）作　用

調息、聚氣，為「導氣」做準備。

〔相關穴位〕

勞宮穴。

圖 2-16

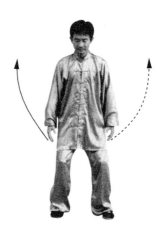
圖 2-17

4.導氣

（1）動 作

①隨著吸氣，兩手緩緩向前上方擺動至約與肩平，手心向下，兩腿隨之伸直。眼看前方（圖2-18）。

②隨著呼氣，兩手緩緩向下按於腰側，兩腿隨之彎曲。眼兼視兩手或看前下方（圖2-19、20）。

③隨著吸氣，兩手從兩側緩緩抬起約與肩平，手心向下，兩腿隨之伸直。眼看前方（圖2-21）。

圖 2-18

圖 2-19

圖 2-20

④隨著呼氣，兩手緩緩向下按於腰側，兩腿隨之彎曲。眼看前下方（圖2-22、23）。

⑤隨著吸氣，兩手緩緩向前上方擺動至約與肩平，手心向下，兩腿隨之伸直。眼看前方（圖2-24）。

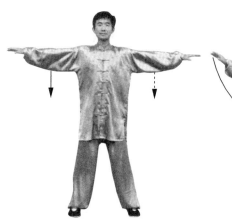

圖2-21

圖2-22

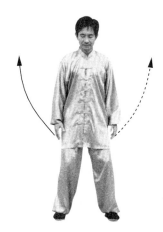

圖2-23

圖2-24

⑥隨著呼氣，兩手緩緩向下按於腰側，兩腿隨之彎曲。眼兼視兩手或看前下方（圖2-25、26）。

⑦隨著吸氣，兩手從兩側緩緩抬起約與肩平，手心向下，兩腿隨之伸直。眼看前方（圖2-27）。

圖2-25　　　　　　　　　圖2-26

圖2-27

⑧隨著呼氣，兩手緩緩向下按於腰側，兩腿隨之彎曲。眼看前下方（圖 2-28、29）。

圖 2-28

圖 2-29

如此重複兩遍。做最後一遍的第 8 拍動作時，隨著呼氣，兩手緩緩下落，鬆垂於體側，兩腿自然伸直。兩眼平視前方，讓氣血在體內繼續運轉（圖 2-30）。此時，周身氣血在緩緩地不斷地流動著，身體內外慢慢地發暖發熱、氣暖融融，整個身心就像沐浴在溫泉之中，溫暖舒適。

圖 2-30

（2）要　點

①開始時，呼吸應順其自然，以動作要領為主。動作熟練後，再漸漸按各式動作的呼吸要求去做。

②做第 1 拍吸氣時，納氣於下丹田；做第 2 拍呼氣時，導氣達十指端；做第 3 拍吸氣時，納氣於下丹田；做第 4 拍呼氣時，向下導氣達腳底湧泉穴（見穴位圖解三）和十趾端。

（3）作　用

調和氣血，開通經脈。調動丹田之真氣，初步開通手足十二條經脈遠端陰陽經脈的交會點，促進人體周身經脈的暢通，並使人體遠端的毛細血管網的開放數量增多，改善微循環，提高人體健康水準。

〖相關穴位〗

勞宮穴、湧泉穴。

〖相關經脈〗

手足十二條經脈。

5. 結束勢

左腳向右腳併攏，兩手疊於丹田，男性左手在內，女性右手在內，做 3 次細勻深長的腹式呼吸，意在歸氣於丹田。兩眼看前下方或輕閉（圖 2-31～33）。

最後，兩手鬆垂於體側，回到開始勢。兩眼看前方

（圖 2-34）。

圖 2-31

圖 2-32

圖 2-33

圖 2-34

三、開脈太極的整理活動

整理活動是開脈太極鍛鍊的重要組成部分，在價值的意義上如同人們在銀行所進行的儲蓄活動，即整理活動在保健運動中起著使你的鍛鍊效果增值的重要作用，並有助於防止出偏。

(一) 坐勢整理活動

預備勢

正身端坐，全身放鬆。兩手疊於中丹田，男性左手在內，女性右手在內。舌抵上腭，嘴唇微合，面帶微笑。眼平視前方或輕閉，緩緩地調整呼吸。

第一式　摩腹歸元

①先順時針揉腹9周。前3周只揉神厥穴，第4周始逐漸一周比一周大，上不過鳩尾穴，下不過曲骨穴（見穴位圖解二）。

②再逆時針揉腹9周。前6周逐漸一周比一周小，後3周（即第7～9周）只揉神厥穴。

第二式　氣歸丹田

①叩齒。上下排牙齒相互叩擊36次。

②攪海。舌尖在牙弓、唇和頰之間攪動，先順時針 3 周，再逆時針 3 周。

③咽津。將口中增生的唾液分 3 次咽下，意送腹下丹田處。

最後做 3 次細勻深長的腹式呼吸，意在歸氣於丹田。

第三式　浴面梳頭

兩手在胸前相合，上下對搓直至手心發熱。

①浴面。兩手以平日洗臉動作乾浴面部。

②梳頭。兩手置於前額處，從前髮根梳到後髮根。如此重複 3～5 次，做最後一遍時，兩手梳完頭後，繼續向下至乳中穴（乳頭）後分別沿體側兩脇部膽經脈（見經絡圖十一）向下摩運至腿上，回到開始勢。

（二）站勢整理活動

預備勢

兩腿開立成太極樁。

第一式　理順氣血

①拿揉頭頸部、軀幹部、四肢部。

②拍打周身經絡。

③摩運周身經脈（又名佛手運身）。

a. 兩手從前額向上梳髮至頭頂部。

b. 兩手繼續向頭後梳髮至頸項部。

c. 兩手在頸前交叉。

d. 兩手分別沿兩手臂的外側陽經脈下行至體側。

e. 兩手移到背後，上行至背部盡頭處。

f. 兩手沿兩腿後外側膀胱經等陽經脈下行至腳部。

g. 兩手沿兩腿內側脾經等陰經脈上行至腹部後分別至腰側。

h. 兩手沿腰側下行於體側。

如此重複 1～3 次。

第二式　氣歸丹田

兩手疊於丹田，男性左手在內，女性右手在內。

①叩齒。上下排牙齒相互叩擊 36 次。

②攪海。舌尖在牙弓、唇和頰之間攪動，先順時針 3 周，再逆時針 3 周。

③咽津。將口中增生的唾液分 3 次咽下，意送腹下丹田處。最後做 3 次細勻深長的腹式呼吸，意在歸氣於丹田。兩眼看前下方或輕閉。

第三式　浴面梳頭

兩手在胸前相合，上下對搓直至手心發熱。

①浴面。兩手以平日洗臉動作乾浴面部。

②梳頭。兩手置於前額處，從前髮根梳到後髮根。如此重複 3～5 次，做最後一遍時，兩手梳完頭後，繼續向下至乳中穴（乳頭）後分別沿體側兩脇部膽經脈（見經絡圖十一）向下摩運至體側。

注：可以用簡單收勢法結束練習，即左腳向右腳併

攏，兩手疊於丹田，男性左手在內，女性右手在內，做 3 次細勻深長的腹式呼吸，意在歸氣於丹田。然後，兩手鬆垂於體側，回到無極勢。

此法適合於：

①沒有足夠的時間做以上完整的整理活動。

②在一次練習中連續做多個套路時，作為套路與套路之間的過渡。

疏導經脈篇

本篇介紹的基礎健身方法是在研究眾多優秀的流傳甚廣的傳統養生方法（如易筋經、五禽戲、六字訣、八段錦等）的基礎上，結合作者本人多年的教學和科研實踐而總結出來的適合於現代人們健身特點的養生保健方法，是開脈太極的重要組成部分。

　　疏導經脈強調人們透過自我鍛鍊的形式，以疏通經脈、暢導氣血爲主要特點，以達到提高健康水準的目的。比起傳統的健身方法，其動作更加簡單、姿勢優美、內容樸實、符合醫理及人體運動規律，並且數年前在新加坡政府推廣的「生命在於運動」的全民健身活動中受到了各界人們的歡迎和高度評價，出現了許多人報名報不上，只好排在等候名單中的踴躍現象。

四、疏導經脈第一套

(一)動作名稱

開始勢	無 極 樁	預備勢	太 極 樁
第一式	祥龍吐鬚	第二式	嫦娥伸腰
第三式	仰望星空	第四式	左右轉身
第五式	向前躬身	第六式	俯仰天地
第七式	坐望遠方	第八式	摩運腎腧
結束勢	調息吐納		

(二)各式動作、要點、作用和相關穴位 （經脈）

開始勢　無極樁

　　身體自然站立成無極樁，兩手輕貼兩腿外側。頂平項直，嘴唇微合，舌抵上腭，面帶微笑。眼視前方無限遠處，周身放鬆，緩緩地調整呼吸（圖4-1）。

預備勢　太極樁

　　兩腿開立成太極樁，兩腳的距離比肩略寬，兩腿自然彎曲。兩肩鬆沉，兩手垂

圖4-1

於體側，兩腋虛空，五指自然舒張。舌抵上腭。兩眼平視前方或輕閉，面帶祥和之意（圖4-2～5）。

圖 4-2

圖 4-3

圖 4-4

圖 4-5

第一式　祥龍吐鬚

（1）動　作

①隨著吸氣，兩手體前交叉，上托至胸前膻中穴（見穴位圖解四）附近，手心向上。眼兼視兩手（圖4-6、7）。

②隨著呼氣，兩手翻轉向前推出，手心向前。眼兼視兩手（圖4-8）。

（2）要　點

①兩手交叉上托時，拇指分開；兩手前推時，拇指相接。

②肩要鬆垂，切勿聳肩。

圖4-6

圖4-7

圖4-8

（3）作用

①調整呼吸與動作的配合。

②啟動和暢通手三陰經脈即手太陰肺經（見經絡圖一）、手少陰心經（見經絡圖五）、手厥陰心包經（見經絡圖九）與手三陽經脈即手陽明大腸經（見經絡圖二）、手太陽小腸經（見經絡圖六）、手少陽三焦經（見經絡圖十）。

〖相關穴位〗

膻中穴。

〖相關經脈〗

手太陰肺經、手少陰心經、手厥陰心包經、手陽明大腸經、手太陽小腸經、手少陽三焦經。

第二式　嫦娥伸腰

轉換式

兩手先向上擺動至頭上方，兩手上托，拇指相接，手心向上。兩眼平視前方（圖4-9）。

（1）動作

①向左伸腰，兩臂、上體向左傾斜，腰部伸展，兩拇指相接。兩

圖4-9

圖 4-10　　　　　　　　　　圖 4-11

眼看前方（圖 4-10）。

　　②向右伸腰，兩臂、上體向右
傾斜，腰部伸展，兩拇指相接。兩
眼看前方（圖 4-11）。

　　③身體慢慢豎直，兩拇指相
接，手心向上。兩眼看前方（圖
4-12）。

　　（2）要 點

　　①兩拇指相接。
　　②兩肩放鬆，切忌聳肩。
　　③上體傾斜幅度因人而宜。

圖 4-12

（3）作　用

①調理三焦，使水、氣在身體內的疏布情況得到改善。

②疏肝利膽。

注：三焦即上焦胸部，為心肺；中焦上腹部，為脾胃；下焦下腹部，為肝腎。其作用是主持諸氣，疏通水道，是元氣通行和水液運行的通道。

圖 4-13

第三式　仰觀星空

（1）動　作

兩手放鬆、翻轉使手心向下，先落於頭上，後摩運至頭後部，兩手交叉托於頭後小腦部。頭向上仰起，腰伸直。兩眼望天（圖 4-13、14）。

（2）要　點

腰部伸直。

（3）作　用

①暢通任脈（見經絡圖十三）。中醫認為：任脈為陰脈之海、督脈為陽脈之海，因此，本式對周身陰經脈有調節作用。

圖 4-14

②有助於防治駝背、腰肌勞損、腰椎尖盤突出和頸、肩疼痛。

〖相關經脈〗

任脈。

第四式　左右轉身

轉換勢

①兩手尺側（小指側）沿腎經（見經絡圖八）下滑、摩運至小腹部，手心向上。然後，兩手分別置於兩腿外側，頭部隨之慢慢豎直。眼平視前方（圖4-15～17）。

圖 4-15

圖 4-16

圖 4-17

圖 4-18　　　　　　　　附圖 4-18

②兩手置於腰部，手心向內。眼平視前方（圖 4-18、附圖 4-18）。

（1）動　作

①身體向左後旋轉，兩手不動。眼視左後方（圖 4-19）。

②身體向右後旋轉，兩手不動。眼視右後方（圖 4-20）。

③將身體慢慢轉正，兩手不動。眼看前方（圖 4-21）。

圖 4-19

（2）要　點

①兩手沿身體下滑、摩運時，身體要放鬆，速度要緩。

②身體轉動幅度因人而宜。

圖 4-20 　　　　　　　圖 4-21

（3）作　用

　調理足三陰經脈即足太陰脾經（見經絡圖四）、足少陰腎經（見經絡圖八）、足厥陰肝經（見經絡圖十二）和足三陽經脈即足陽明胃經（見經絡圖三）、足太陽膀胱經（見經絡圖七）、足少陽膽經（見經絡圖十一）。

〖相關經脈〗

　足太陰脾經、足少陰腎經、足厥陰肝經、足陽明胃經、足太陽膀胱經、足少陽膽經。

第五式　向前躬身

（1）動　作

　兩手沿大腿外側下移至膝關節，兩手按於鶴頂穴（見

穴位圖解五），上體隨之前躬。眼
看前下方（圖4-22）。

圖4-22

（2）要 點

切勿低頭，亦不可過分抬頭，
順其自然。

（3）作 用

①調理足太陽膀胱經（見經絡
圖七）。
②改善身體柔韌性。

〖相關穴位〗

鶴頂穴。

〖相關經脈〗

足太陽膀胱經。

第六式　俯仰天地

轉換勢

兩手不動，兩腿彎曲。眼看兩手（圖4-23）。

（1）動 作

①兩臂外旋向後擺動，手心向側方，仰頭展體。眼看
藍天（圖4-24）。

圖 4-23　　　　　　　　　圖 4-24

　　②兩臂內旋向前、向下擺動，手心隨之向前、向下、
向後，兩手觸腳背。同時，上體前俯。眼看腳背（圖4-
25、26）。

圖 4-25　　　　　　　　　圖 4-26

両手沿小腿前部上移至膝關節，兩手按於鶴頂穴（見穴位圖解五），上體隨之前躬。眼看前下方（圖4-27）。

圖4-27

（2）要　點

①做第1拍動作時，上體儘量舒展。

②做第2拍動作時，切勿低頭，亦不可過分抬頭，順其自然。

③動作要緩慢。

（3）作　用

①疏導任脈（見經絡圖十三）、督脈（見經絡圖十四）。中醫認為：任脈為陰脈之海、督脈為陽脈之海，因此，本式對周身經脈有調節作用。

②改善肺活量。

〔相關穴位〕

鶴頂穴。

〔相關經脈〕

任脈、督脈。

第七式　坐望遠方

（1）動　作

①左腳向右腳併攏，兩腿屈膝（圖 4-28、29）。

②兩腿半蹲，兩臂、兩手抱膝抱腿，全身縮成一團。眼看前下方或平視前方無限遠處（圖 4-30、31）。

（2）要　點

先下蹲，後兩臂、兩手抱膝抱腿。

（3）作　用

①調理足三陰經脈即足太陰脾經（見經絡圖四）、足少陰腎經（見經絡圖八）、足厥陰肝經（見經絡圖十二），固精補元，有助於防治生殖系統和泌尿系統的疾病。

圖 4-28

圖 4-29

圖 4-30

圖 4-31

疏導經脈篇

79

②改善身體柔韌性。

第八式　摩運腎腧

（1）動　作

①兩手分別移至兩腿跟腱部，然後兩手不動，兩腿伸直。眼看前下方（圖 4-32～34、附圖 4-34）。

②兩手同時分別沿兩腿後部和外側部（腿部陽經脈區）上行至腰部腎腧穴（見穴位圖解六），上體隨之緩緩直起。眼看前方（圖 4-35、附圖 4-35）。

圖 4-32

圖 4-33

圖 4-34

附圖 4-34

圖 4-35

附圖 4-35

　　兩手先向上後向下摩
運腎腧，繼而兩手分別下
落至體側，手心向內，兩
腿隨之彎曲。眼看前下方
（圖 4-36）。

　　（2）要　點

　　上體直起時，動作要
緩慢。

　　（3）作　用

　　強腎補元。

　　〔相關穴位〕

　　腎腧穴。

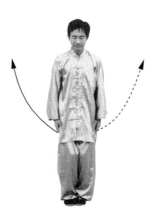

圖 4-36

圖 4-37　　　　　　　　附圖 4-37

結束勢　調息吐納

（1）動　作

①隨著吸氣，兩手慢慢
向前側上方自然擺至約與肩
平，手心向下，兩腿隨之自
然伸直。眼看前方（圖 4-
37、附圖 4-37）。

圖 4-38

②隨著呼氣，兩手緩緩
下落於體側。同時，兩腿彎
曲。眼看前下方或前方（圖 4-38、39）。

③隨著吸氣，兩手慢慢向體側上方擺至約與肩平，手
心向下，兩腿隨之自然伸直。眼看前方（圖 4-40）。

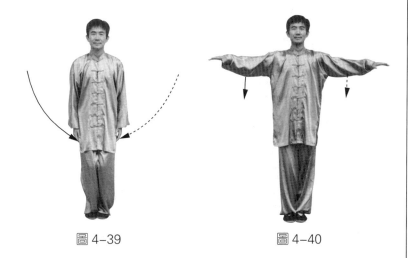

圖 4-39　　　　　　　　圖 4-40

　　④隨著呼氣，兩手緩緩下落於體側。同時，兩腿彎
曲。眼看前下方或前方（圖 4-41、42）。

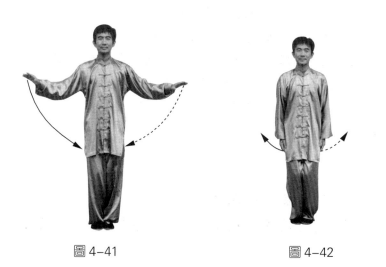

圖 4-41　　　　　　　　圖 4-42

圖 4-43　　　　　　　　圖 4-44

　　⑤隨著吸氣，兩手慢慢向體側自然上擺，手心向內，兩腿隨之自然伸直。眼看前方（圖 4-43）。

　　⑥隨著呼氣，兩手緩緩下落於體側。同時，兩腿彎曲。眼看前下方或前方（圖 4-44）。

　　⑦兩腿自然伸直，兩手疊於丹田，男性左手在內，女性右手在內，做 3 次細勻深長的腹式呼吸，意在歸氣於丹田。兩眼看前下方或輕閉（圖 4-45）。

　　⑧兩手鬆垂於體側，回到開始勢。眼看前方（圖 4-46）。

（2）要　點

　　⑨兩手上擺時，要舒胸展體。
　　⑩兩手下落時，身體放鬆，兩腿膝關節內側要相靠。

圖 4-45

圖 4-46

（3）作　用

調整呼吸，舒緩身心。

（三）連續動作圖

連續動作如圖 4-1～46 所示。

圖 4-1

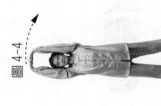

圖 4-2

圖 4-3

圖 4-4

圖 4-5

圖 4-6

圖 4-7

圖 4-8

圖 4-9

圖 4-10

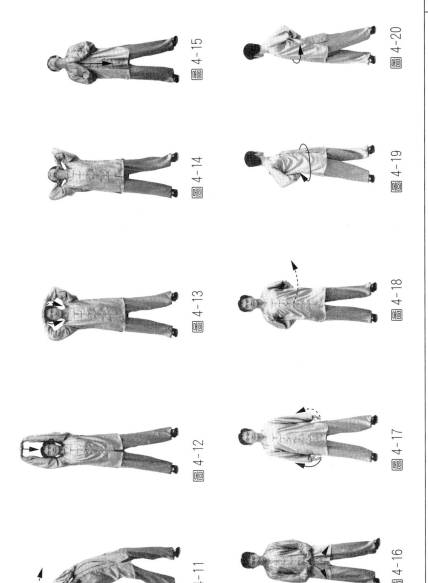

圖 4-15

圖 4-14

圖 4-13

圖 4-12

圖 4-11

圖 4-20

圖 4-19

圖 4-18

圖 4-17

圖 4-16

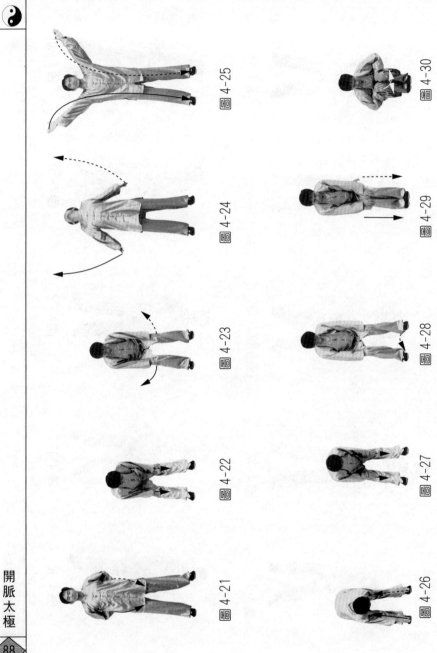

圖 4-25

圖 4-24

圖 4-23

圖 4-22

圖 4-21

圖 4-30

圖 4-29

圖 4-28

圖 4-27

圖 4-26

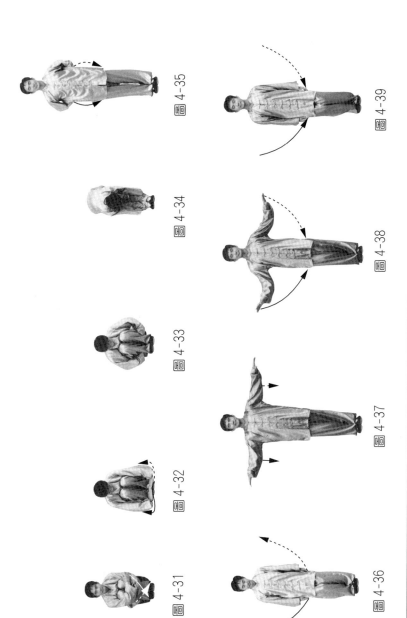

圖 4-35

圖 4-34

圖 4-33

圖 4-32

圖 4-31

圖 4-39

圖 4-38

圖 4-37

圖 4-36

圖 4-43

圖 4-42

圖 4-41

圖 4-40

圖 4-46

圖 4-45

圖 4-44

五、疏導經脈第二套

(一) 動作名稱

開 始 勢　無 極 椿　　　第 一 式　左掌採氣勢
第 二 式　左掌貫氣勢　　　第 三 式　氣沉丹田
第 四 式　右掌採氣勢　　　第 五 式　右掌貫氣勢
第 六 式　氣沉丹田　　　　第 七 式　雙掌採氣勢
第 八 式　左陰陽互補勢　　第 九 式　氣沉丹田
第 十 式　雙掌採氣勢　　　第十一式　右陰陽互補勢
第十二式　氣沉丹田　　　　第十三式　左側採氣勢
第十四式　左陰陽合一勢　　第十五式　氣沉丹田
第十六式　右側採氣勢　　　第十七式　右陰陽合一勢
第十八式　氣沉丹田　　　　結 束 勢　調息吐納

(二) 各式動作、要點、作用和相關穴位
　　(經脈)

開始勢　無極椿

　　身體自然站立成無極椿，兩手輕貼兩腿外側。頂平項
直，嘴唇微合，舌抵上腭，面帶微笑。眼視前方無限遠

處，周身放鬆，緩緩地調整呼吸（圖 5-1）。

第一式　左掌採氣勢

（1）動　作

隨身體左轉 45°，右手勞宮穴
（見穴位圖解一）對右腎腧穴（見
穴位圖解六）；左手向左側前上方
托起，略高於肩，手心向上。眼看
左手（圖 5-2、附圖 5-2）。

（2）要　點

①左臂微屈，兩肩鬆沉。
②意在左掌勞宮穴採日月精華
之氣。

圖 5-1

圖 5-2

附圖 5-2

（3）作　用

托採日月精華之氣，以壯內氣。

〖相關穴位〗

勞宮穴、腎腧穴。

第二式　左掌貫氣勢

（1）動　作

左腳向左前側方邁步，腳跟著地；右腿彎曲。同時，右手不動；左手下落，使左勞宮穴（見穴位圖解一）置於左湧泉穴（見穴位圖解三）。上體隨之前躬，重心在兩腿之間。眼視左腳（圖 5-3、4）。

圖 5-3

圖 5-4

（2）要　點

①身體前俯時，頭頸部應自然，勿低頭，亦勿將頭抬起。

②左腿要伸直，不可彎曲。

③左腳蹺起（包括腳趾）。

④如左手不能置於湧泉穴，也可按於左膝鶴頂穴上（見穴位圖解五）（圖5-5）。

圖5-5

（3）作　用

①暢通膀胱經脈（見經絡圖七）和腎經脈（見經絡圖八）。

②改善身體柔韌性。

〔相關穴位〕

勞宮穴、湧泉穴、鶴頂穴。

〔相關經脈〕

膀胱經脈和腎經脈。

第三式　氣沉丹田

（1）動　作

①隨上體直起，身體右轉向前。兩臂分別向兩側反臂托掌，左腿不動，重心移至右腿。眼看右手（圖5-6）。

兩臂外旋使手心向下、向前擺動至體前，兩手之間距離比肩要寬，高約與肩平，重心在右腿。眼看前方或兼視兩手（圖5-7）。

　　②左腳向右腳併攏，兩腿彎曲，重心隨之移到兩腿之間。同時，兩臂彎曲，兩肘鬆垂，手心向下。眼兼視兩手或看前下方（圖5-8）。

　　③兩手緩緩下按，落於體側，手指向下，兩腿隨之自然伸直。眼看前方（圖5-9）。

圖5-6

圖5-7

圖5-8

圖5-9

（2）要 點

①動作節奏要清晰。

②做第 1 拍動作時，右腿可先伸後屈。

③做第 3 拍動作時，意在氣沉丹田。

（3）作 用

①調緩氣血。

②有助於改變上實下虛的現象。

第四式　右掌採氣勢

（1）動 作

　　隨身體右轉 45°，左手勞宮穴對左腎腧穴；右手向右側前上方托起，略高於肩，手心向上。眼看右手（圖 5-10、附圖 5-10）。

圖 5-10

附圖 5-10

（2）要 點

①右臂微屈，兩肩鬆沉。
②意在右掌勞宮穴採日月精華之氣。

（3）作 用

同第一式。

〖相關穴位〗

同第一式。

第五式　右掌貫氣勢

（1）動 作

　　右腳向右前側方邁步，腳跟著地；左腿彎曲。同時，左手不動；右手下落，使右勞宮穴置於右湧泉穴。上體隨之前躬，重心在兩腿之間。眼視右腳（圖 5-11、12）。

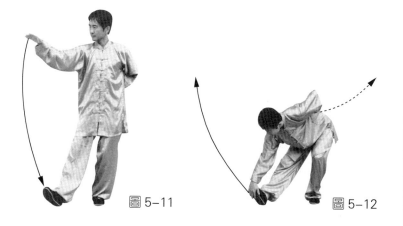

圖 5-11　　　　　　　　圖 5-12

（2）要 點

①身體前俯時，頭頸部應自然，勿低頭，亦勿將頭抬起。

②右腿要伸直，不可彎曲。

③右腳蹺起（包括腳趾）。

④如右手不能置於湧泉穴，也可按於右膝鶴頂穴上（圖5-13）。

圖5-13

（3）作 用

同第二式。

〖相關穴位和經脈〗

同第二式。

第六式　氣沉丹田

（1）動 作

①隨上體直起，身體左轉向前，兩臂分別向兩側反臂托掌。右腿不動，重心移至左腿。眼看左手（圖5-14）。

兩臂外旋使手心向下、向前擺動至體前，兩手之間距離比肩要寬，高約與肩平，重心在左腿。眼看前方或兼視兩手（圖5-15）。

②右腳向左腳併攏，兩腿彎曲，重心隨之移到兩腿之間。同時，兩臂彎曲，兩肘鬆垂，手心向下。眼兼視兩手或看前下方（圖5-16）。

③兩手緩緩下按，落於體側，手指向下，兩腿隨之自
然伸直。眼看前方（圖5-17）。

圖 5-14

圖 5-15

圖 5-16

圖 5-17

（2）要 點

①動作節奏要清晰。

②做第1拍動作時，左腿可先伸後屈。

（3）作 用

同第三式。

第七式　雙掌採氣勢

（1）動 作

　　兩手同時向兩側前上方托起至略高於肩，手心向上。眼看前方或垂簾（圖5-18）。

（2）要 點

　　①兩臂微屈，勿伸直，以利於氣血流動。

　　②意在勞宮穴採日月精華之氣。

（3）作 用

　　托採日月精華之氣，以補真氣。

〔相關穴位〕

同第一式。

圖5-18

圖 5-19　　　　附圖 5-19

第八式　左陰陽互補勢

（1）動 作

①左腳向左前側方邁步，腳跟著地；右腿彎曲。同時，左手下擺至左腎腧穴，勞宮穴對腎腧穴；右手基本不動。眼看右手勞宮穴（圖 5-19、附圖 5-19）。

圖 5-20

②右手下落，右勞宮穴置於左湧泉穴；左手不動。上體隨之前躬，重心在兩腿之間。眼看左腳（圖 5-20）。

（2）要 點

①身體前俯時，頭頸部應自然，勿低頭，亦勿將頭抬起。

②左腿要伸直，不可彎曲。

③左腳蹺起（包括腳趾）。

④如右手不能置於湧泉穴，也可按於左膝鶴頂穴上（圖5-21）。

圖 5-21

（3）作 用

同第二式。

〔相關穴位和經脈〕

同第二式。

第九式　氣沉丹田

（1）動 作

①隨上體直起，身體右轉向前，兩臂分別向兩側反臂托掌。左腿不動，重心移至右腿。眼看右手（圖5-22）。

兩臂外旋使手心向下、向前擺動至體前，兩手之間距離比肩要寬，高約與肩平。重心在右腿。眼看前方或兼視兩手（圖5-23）。

②左腳向右腳併攏，兩腿彎曲，重心隨之移到兩腿之間。同時，兩臂彎曲，兩肘鬆垂，手心向下。眼兼視兩手或看前下方（圖5-24）。

③兩手緩緩下按，落於體側，手指向下，兩腿隨之自

然伸直。眼看前方（圖5-25）。

（2）要 點

①動作節奏要清晰。

②做第1拍動作時，右腿可先伸後屈。

圖 5-22

圖 5-23

圖 5-24

圖 5-25

（3）作　用

同第三式。

第十式　雙掌採氣勢

（1）動　作

兩手同時向兩側前上方托起，略高於肩，手心向上。眼看前方或垂簾（圖5-26）。

圖5-26

（2）要　點

①兩臂微屈，勿伸直，以利於氣血流動。
②意在勞宮穴採日月精華之氣。

（3）作　用

同第七式。

〔相關穴位〕

同第七式。

第十一式　右陰陽互補勢

（1）動　作

①右腳向右前側方邁步，腳跟著地；左腿彎曲。同時，右手下擺至右腎腧穴，勞宮穴對腎腧穴；左手基本不

圖 5-27

附圖 5-27

動。眼看左勞宮穴（圖5-27、附圖5-27）。

②左手下落，使左勞宮穴置於右湧泉穴；右手不動。上體隨之前躬，重心在兩腿之間。眼看右腳（圖5-28）。

圖 5-28

（2）要　點

①身體前俯時，頭頸部應自然，勿低頭，亦勿將頭抬起。

②右腿要伸直，不可彎曲。

③右腳蹺起（包括腳趾）。

④如左手不能置於湧泉穴，也可按於右膝鶴頂穴上

疏導經脈篇

（圖5-29）。

圖 5-29

（3）作 用

同第八式。

〔相關穴位和經脈〕

見第八式。

第十二式　氣沉丹田

（1）動 作

①隨上體直起，身體左轉向前，兩臂分別向兩側反臂托掌。右腿不動，重心移至左腿。眼看左手（圖5-30）。

兩臂外旋使手心向下、向前擺動至體前，兩手之間距離比肩要寬，高約與肩平。重心在左腿。眼看前方或兼視兩手（圖5-31）。

圖 5-30

圖 5-31

圖 5-32   圖 5-33

　　②右腳向左腳併攏，兩腿彎曲，重心隨之移到兩腿之間。同時，兩臂彎曲，兩肘鬆垂，手心向下。眼兼視兩手或看前下方（圖 5-32）。

　　③兩手緩緩下按，落於體側，手指向下，兩腿隨之自然伸直。眼看前方（圖 5-33）。

（2）要 點

①動作節奏要清晰。
②做第 1 拍動作時，左腿可先伸後屈。

（3）作 用

同第三式。

第十三式　左側採氣勢

（1）動　作

隨身體左轉 45°，兩手同時向左側前上方托起，略高於肩，兩手之間距離比肩略寬，手心向上。眼看左前方或垂簾（圖 5-34）。

（2）要　點

①兩臂微屈，兩肩鬆沉。
②意在兩手勞宮穴採日月精華之氣。

圖 5-34

（3）作　用

托採日月精華之氣，以補真氣。

〖相關穴位〗

同第一式。

第十四式　左陰陽合一勢

（1）動　作

①左腳向左前側方邁出，腳跟著地；右腿彎曲，重心在右腿。同時，兩手下按於兩胯旁，手心向下。眼看左前下方或左前方（圖 5-35、36）。

圖 5-35　　　　　　　　　　圖 5-36

②兩手平行於地面，向前滑行至體前，手心向下。眼
兼視兩手（圖 5-37、38）。

　　兩手相疊，左手在下，高約與胸平，重心在兩腿之
間。眼看右手背（圖 5-39）。

圖 5-37　　　　　　　圖 5-38　　　　　　　圖 5-39

③兩手下落置於湧泉穴，左手在內，重心在兩腿之間。上體隨之前俯（圖5-40）。

（2）要　點

①身體前俯時，頭頸部應自然，勿低頭，亦勿將頭抬起。

②左腿要伸直，不可彎曲。

③左腳翹起（包括腳趾）。

④如手不能置於湧泉穴，可按於左膝鶴頂穴上（圖5-41）。

（3）作　用

同第二式。

〖相關穴位和經脈〗

同第二式。

圖 5-40

圖 5-41

第十五式　氣沉丹田

（1）動　作

①隨上體直起，身體右轉向前，兩臂分別向兩側反臂托掌。左腿不動，重心移至右腿。眼看右手（圖5-42）。

兩臂外旋使手心向下、向前擺動至體前，兩手之間距離比肩要寬，高約與肩平。重心在右腿。眼看前方或兼視兩手（圖5-43）。

圖 5-42

圖 5-43

圖5-44   圖5-45

②左腳向右腳併攏，兩腿彎曲，重心隨之移到兩腿之間。同時，兩臂彎曲，兩肘鬆垂，手心向下。眼兼視兩手或看前下方（圖5-44）。

③兩手緩緩下按，落於體側，手指向下，兩腿隨之自然伸直。眼看前方（圖5-45）。

（2）要 點

①動作節奏要清晰。
②做第1拍動作時，右腿可先伸後屈。

（3）作 用

同第三式。

第十六式　右側採氣勢

（1）動　作

隨身體右轉 45°，兩手同時向右側前上方托起，略高於肩，兩手之間距離比肩略寬，手心向上。眼看右前方或垂簾（圖 5-46）。

圖 5-46

（2）要　點

①兩臂微屈，兩肩鬆沉。
②意在兩掌勞宮穴採日月精華之氣。

（3）作　用

同第十三式。

〔相關穴位〕

同第十三式。

第十七式　右陰陽合一勢

（1）動　作

①右腳向右前側方邁出，腳跟著地；左腿彎曲，重心在左腿。同時，兩手下按於兩胯旁，手心向下。眼看右前下方或右前方（圖 5-47、48）。

圖 5-47　　　　　　　　　　　圖 5-48

②兩手平行於地面，向前滑行至體前，手心向下。眼兼視兩手（圖5-49、50）。

兩手相疊，右手在下，高約與胸平，重心在兩腿之間。眼看左手背（圖5-51）。

圖 5-49　　　　　　　　　　　圖 5-50

圖 5-51　　　　　　　　　　圖 5-52

③兩手下落置於湧泉穴，右手在內，重心在兩腿之間。上體隨之前俯（圖 5-52）。

（2）要 點

①身體前俯時，頭頸部應自然，勿低頭，亦勿將頭抬起。

②右腿要伸直，不可彎曲。

③右腳蹺起（包括腳趾）。

④如手不能置於湧泉穴，可按於右膝鶴頂穴上（圖 5-53）。

（3）作 用

同第十四式。

〔相關穴位和經脈〕

同第十四式。

圖 5-53

第十八式　氣沉丹田

（1）動　作

①隨上體直起，身體左轉向前，兩臂分別向兩側反臂托掌。右腿不動，重心移至左腿。眼看左手（圖5-54）。

兩臂外旋使手心向下、向前擺動至體前，兩手之間距離比肩要寬，高約與肩平。重心在左腿。眼看前方或兼視兩手（圖5-55）。

②右腳向左腳併攏，兩腿彎曲，重心隨之移到兩腿之間。同時，兩臂彎曲，兩肘鬆垂，手心向下。眼兼視兩手或看前下方（圖5-56）。

③兩手緩緩下按，落於體側，手指向下，兩腿隨之自然伸直。眼看前方（圖5-57）。

圖 5-54

圖 5-55

圖 5-56

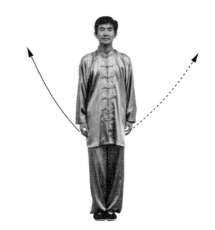

圖 5-57

（2）要 點

①動作節奏要清晰。

②做第 1 拍動作時，左腿可先伸後屈。

（3）作 用

同第三式。

結束勢　調息吐納

圖 5-58

（1）動 作

①隨著吸氣，兩手慢慢向體側上擺至約與肩平，手心向下。眼看前方（圖 5-58）。

②隨著呼氣，兩手緩緩下落於體側。同時，兩腿彎曲。眼看前方或前下方（圖5-59）。

③隨著吸氣，兩手慢慢向體側上擺至約與肩平，手心向下，兩腿隨之自然伸直。眼看前方（圖5-60）。

④隨著呼氣，兩手緩緩下落於體側。同時，兩腿彎曲。眼看前方或前下方（圖5-61）。

⑤隨著吸氣，兩手慢慢向體側自然上擺，手心斜向下，兩腿隨之自然伸直。眼看前方（圖5-62）。

⑥隨著呼氣，兩手緩緩下落於體側。同時，兩腿彎曲。眼看前方或前下方（圖5-63）。

圖 5-59

圖 5-60

圖 5-61

圖 6-62　　　　　圖 6-63　　　　　圖 6-64

⑦兩腿自然伸直，兩手疊於丹田，男
性左手在內，女性右手在內，做3次細勻
深長的腹式呼吸，意在歸氣於丹田。兩眼
看前下方或輕閉（圖5-64）。

⑧兩手鬆垂於體側，回到開始勢。眼
看前方（圖5-65）。

（2）要　點

①兩手上擺時，要舒胸展體。

②兩手下落時，身體放鬆，兩腿膝關
節內側要相靠。

圖 5-65

（3）作　用

舒緩身心，調整呼吸。

（三）連續動作圖

連續動作如圖 5-1～65 所示。

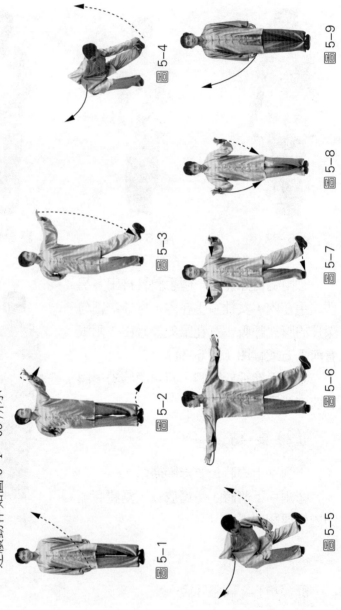

圖 5-1

圖 5-2

圖 5-3

圖 5-4

圖 5-5

圖 5-6

圖 5-7

圖 5-8

圖 5-9

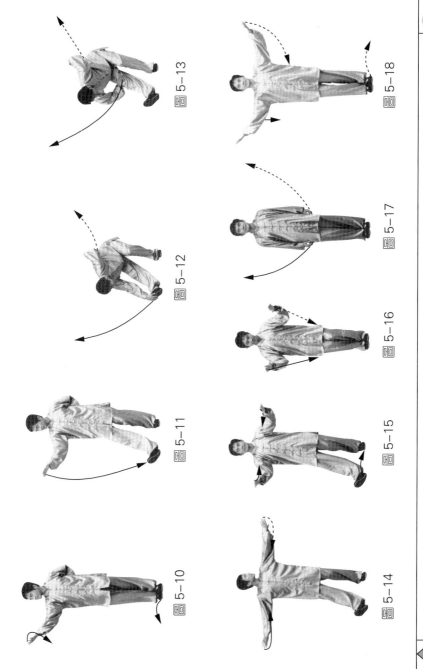

圖 5-13

圖 5-12

圖 5-11

圖 5-10

圖 5-18

圖 5-17

圖 5-16

圖 5-15

圖 5-14

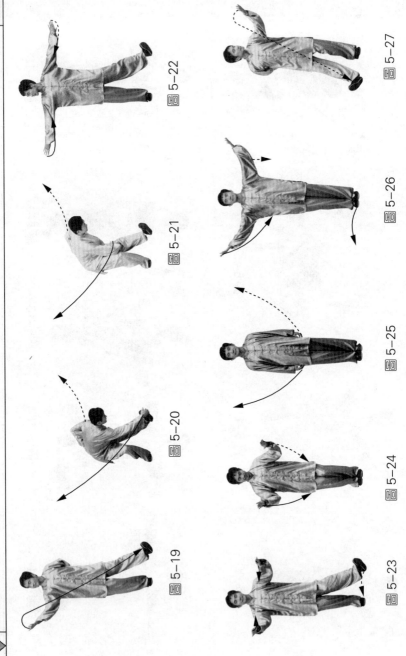

圖5-22　　圖5-21　　圖5-20　　圖5-19

圖5-27　　圖5-26　　圖5-25　　圖5-24　　圖5-23

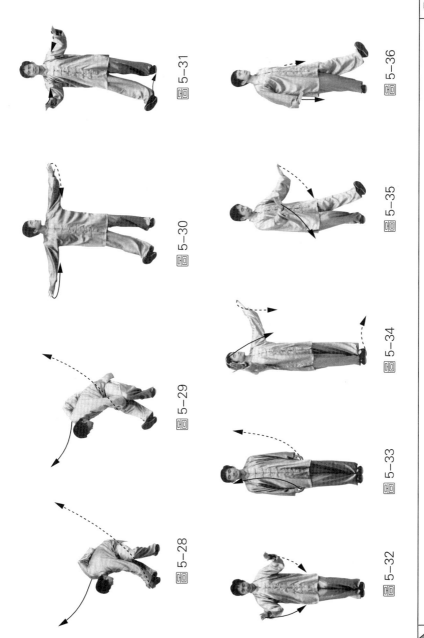

圖 5-31　　　　　圖 5-30　　　　　圖 5-29　　　　　圖 5-28

圖 5-36　　　　　圖 5-35　　　　　圖 5-34　　　　　圖 5-33　　　　　圖 5-32

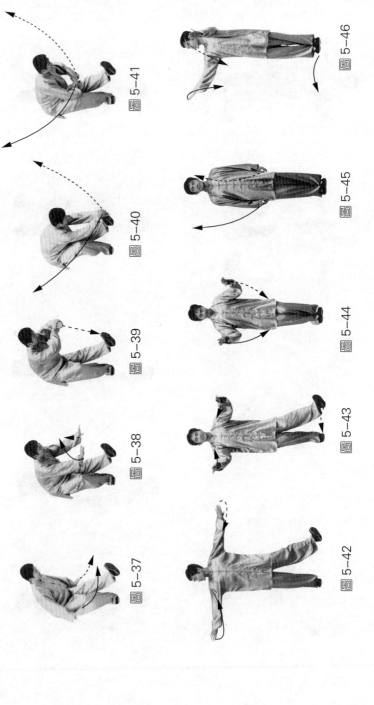

圖 5-37

圖 5-38

圖 5-39

圖 5-40

圖 5-41

圖 5-42

圖 5-43

圖 5-44

圖 5-45

圖 5-46

圖 5-47

圖 5-48

圖 5-49

圖 5-50

圖 5-51

圖 5-52

圖 5-53

圖 5-54

圖 5-55

圖 5-56

疏導經脈篇

125

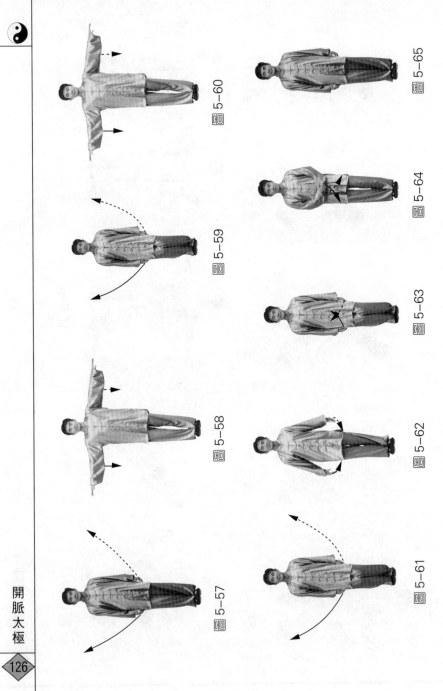

圖 5-60

圖 5-59

圖 5-58

圖 5-57

圖 5-65

圖 5-64

圖 5-63

圖 5-62

圖 5-61

六、疏導經脈第三套

（一）動作名稱

開始勢	無極樁	第一式	五勞七傷往後瞧
第二式	雙手托天理三焦	第三式	調理脾胃須單舉
第四式	左右彎弓似射雕	第五式	搖頭擺尾去心火
第六式	兩手攀足固腎腰	第七式	攢拳怒目增氣力
第八式	背後起顛百病消	結束勢	調息吐納

（二）各式動作、要點、作用和相關穴位（經脈）

開始勢　無極樁

　　身體自然站立成無極樁，兩手輕貼兩腿外側。頂平項直，嘴唇微合，舌抵上腭，面帶微笑。眼視前方無限遠處，周身放鬆，緩緩地調整呼吸（圖6-1）。

圖 6-1

第一式　五勞七傷往後瞧

（1）動　作

①兩臂外旋，小指側向前，手心向外。同時，頭向左後轉，眼看左後方。重心隨之向前移至前腳掌（圖6-2）。

②兩臂內旋還原，拇指側向前，手心向內。同時，將頭轉正，眼看前方或前下方。重心隨之還原（圖6-3）。

③兩臂外旋，小指側向前，手心向外。同時，頭向右後轉，眼看右後方。重心隨之向前移至前腳掌（圖6-4）。

④兩臂內旋還原，拇指側向前，手心向內。同時，將頭轉正，眼看前方或前下方。重心隨之還原（圖6-5）。

如此重複共做8拍。

圖6-2

圖6-3

圖 6-4

圖 6-5

（2）要 點

①做第 1、3、5、7 拍動作時，兩腿伸直，頭頂百會穴
（見穴位圖解七）上頂，頭頸部向側後方轉動，身體其他
部分不動。

②做第 2、4、6、8 拍動作時，兩腿彎曲，兩膝內側相
靠，意導氣血下行至腳底湧泉穴（見穴位圖解三）。

（3）作 用

①活動頸項，改善頸項部不適。

②刺激大椎穴（見穴位圖解八），調整大腦中樞神經
系統功能，調理因臟腑虧損、氣血不足而引起的多種慢性
衰弱病症。

③暢通手三陰手三陽經脈，提高心肺功能。

「五勞七傷」在此泛指多種慢性病症，具體來講，五勞即肝、心、脾、肺、腎五臟的長期勞損，七傷即中醫學所常說的由七情六慾（喜、怒、憂、思、悲、恐、驚）所導致的對身體的傷害。

〖相關穴位〗

百會穴、湧泉穴、大椎穴。

〖相關經脈〗

手三陰經脈即手太陰肺經、手少陰心經、手厥陰心包經。

手三陽經脈即手陽明大腸經、手太陽小腸經、手少陽三焦經。

第二式　雙手托天理三焦

（1）動　作

①兩手腹前交叉，手心向上。眼兼視兩手（圖6-6）。

兩手上托至胸前後翻掌向頭上方托起，手心向上。眼看前方（圖6-7、8）。

②兩手分開，兩臂同時向兩側下落，兩手交叉於腹前，手心向上。眼兼視兩手（圖6-9、10）。

圖6-6

圖 6-7

圖 6-8

圖 6-9

圖 6-10

③兩手上托至胸前後翻掌向頭上方托起，手心向上。眼看前方（圖6-11、12）。

④兩手分開，兩臂同時向兩側下落，兩手交叉於腹前，手心向上。眼兼視兩手（圖6-13、14）。

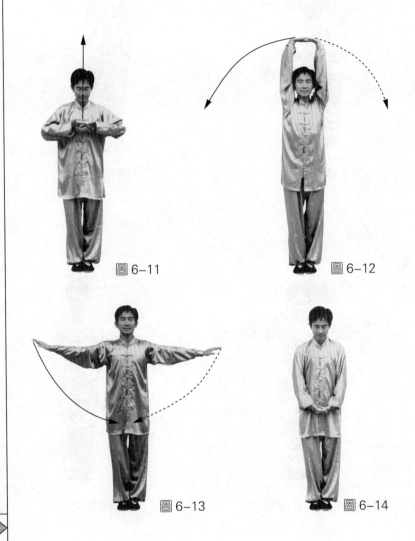

圖6-11

圖6-12

圖6-13

圖6-14

如此重複共做 8 拍。第 8 拍結束時，兩手托於腹前，兩手間距離 10～20 釐米（公分），手心向上。眼兼視兩手（圖 6-15）。

（2）要 點

①兩手上托時，兩肩放鬆，切忌聳肩。

②兩手分開下落時，全身放鬆，意在兩股熱氣流沿兩臂內側經脈下行直達手掌和指端。

圖 6-15

（3）作 用

調理三焦，使水、氣在身體內的疏布情況得到改善。

第三式　調理脾胃須單舉

（1）動 作

①左手托於腹前，右手托於右胸前，兩手手心向上。身體微右轉（圖 6-16）。

隨身體左後轉，左手內旋，下按於左胯側，手心向下；右手內旋，上托於頭上方，手心向上。眼看左後方（圖 6-17、附圖 6-17）。

圖 6-16

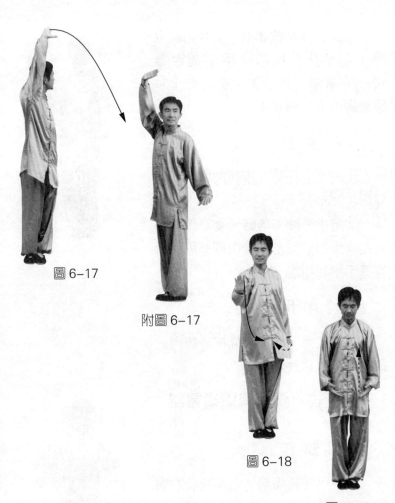

圖 6-17

附圖 6-17

圖 6-18

圖 6-19

②隨身體轉正，右手向前、向下落，手心向下，左手不動。眼看右手（圖 6-18）。

兩手逐漸收於腹前，手指斜相對，手心斜向上。眼兼視兩手或看前方（圖 6-19）。

③右手托於腹前，左手托於左胸前，兩手手心向上。身體微左轉（圖6-20）。

隨身體右後轉，右手內旋，下按於右胯側，手心向下；左手內旋，上托於頭上方，手心向上。眼看右後方（圖6-21、附圖6-21）。

④隨身體轉正，左手向前、向下落，右手不動。眼看左手（圖6-22）。

圖 6-20

圖 6-21

附圖 6-21

圖 6-22

兩手逐漸收於腹前，手指斜相對，手心斜向上。眼兼視兩手或看前方（圖6-23）。

如此重複共做8拍。

（2）要 點

①做第2、4、6、8拍動作時，上托手應向前、向下，自然地緩緩下落，切勿直接下落。

②兩手腹前合抱時，兩手指間的距離為10～20釐米；兩手與腹部保持適度距離，不可貼近腹部；兩臂、兩手在腹前成渾圓抱球狀。

圖6-23

（3）作 用

調理足陽明胃經（見經絡圖三）、足太陰脾經（見經絡圖四）。

〖相關經脈〗

足陽明胃經、足太陰脾經。

第四式 左右彎弓似射雕

（1）動 作

①兩手內旋下按至兩胯側，兩手手心向下。同時，右腿彎曲，左腳跟抬起，重心移至右腿。眼看左手或左下方（圖6-24）。

兩臂內旋伸直，分別向兩側反臂托掌至近與肩平時外旋使手心向前。同時，左腳向左側開步成分腿開立，腳尖向前，重心移至兩腿間。眼看左手（圖6-25、26）。

　　②兩臂外旋內合，胸前交叉，左臂在內，兩手心向內。兩腿隨之彎曲，重心在兩腿間。眼兼視兩手（圖6-27）。

圖6-24

圖6-25

圖6-26

圖6-27

圖 6-28

圖 6-29

③隨身體左轉，重心移至左腿成左弓步。同時，左手變拳拉向左後方，高與肩平，拳心向內；右手變八字掌向右前側方推出，掌心向外（動作如彎弓射雕狀）。眼看右手（圖6-28）。

④隨身體向右轉正，兩臂先內旋，然後分別向兩側擺至約與肩平，手心向下。同時，重心移至右腿成右弓步。眼看右手（圖6-29）。

圖 6-30

兩臂從兩側下落，兩手收托於腹前，手指斜相對，手心斜向上。同時，左腳向右腳併步，兩腿先屈後伸。眼兼視兩手或平視前方（圖6-30）。

⑤兩手內旋下按至兩胯側，兩手手心向下。同時，左腿彎曲，右腳跟抬起，重心移至左腿。眼看右手或右下方（圖6-31）。

兩臂內旋伸直，分別向兩側反臂托掌至

近與肩平時外旋使手心向前。同時，右腳向右側開步成分腿開立，腳尖向前，重心移至兩腿間。眼看右手（圖6-32、33）。

　　⑥兩臂外旋內合，胸前交叉，右臂在內，兩手手心向內。兩腿隨之彎曲，重心在兩腿間。眼兼視兩手（圖6-34）。

圖6-31

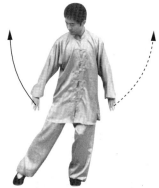

圖6-32

圖6-33

圖6-34

圖 6-35

圖 6-36

⑦隨身體右轉，重心移至右腿成右弓步。同時，右手變拳拉向右後方，高與肩平，拳心向內；左手變八字掌向左前側方推出，掌心向外（動作如彎弓射雕狀）。眼看左手（圖6-35）。

⑧隨身體向左轉正，兩臂先內旋，然後分別向兩側擺至約與肩平，手心向下。同時，重心移至左腿成左弓步。眼看左手（圖6-36）。

圖 6-37

兩臂從兩側下落，兩手收托於腹前，手指斜相對，手心斜向上。同時，右腳向左腳併步，兩腿先屈後伸。眼兼視兩手或平視前方（圖6-37）。

如此重複共做兩個8拍。

（2）要 點

①向左開步，兩臂在體前交叉時，左手在內；向右開步，右手在內。

②做第 3、7 拍動作時，兩手向左右儘量拉開，加大胸廓，吸進更多清氣。做第 4、8 拍動作時，以口助呼氣，吐盡體內濁氣。

③做第 4、8 拍動作時，兩手應隨兩臂的動作同時內旋轉動。

（3）作 用

調理肺經（見經絡圖一）和大腸經（見經絡圖二）。

〖相關經脈〗

手太陰肺經、手陽明大腸經。

第五式　搖頭擺尾去心火

（1）動 作

①兩手內旋下按至兩胯側。同時，右腿彎曲，左腳跟抬起，重心移至右腿。眼看左手或左下方（圖 6-38）。

兩臂內旋伸直，分別向兩側反臂托掌至近與肩平時外旋使手心向前。同時，左腳向左

圖 6-38

圖 6-39　　　　　　　　　圖 6-40

側開步成分腿開立，腳尖向前，重心移至兩腿間。眼看左手（圖 6-39、40）。

　　②隨兩腿屈膝半蹲成馬步，兩手下按於兩腿上，拇指在腿外側，手心向下。眼看前下方（圖 6-41）。

　　③兩腿不動，上體向左傾斜，臀部向右擺動。左臂彎曲，右臂伸直。眼看右手或右側前下方（圖 6-42）。

圖 6-41

圖 6-42

④兩腿不動，上體豎直。兩手按於兩腿上，兩臂彎曲。眼看前方或前下方（圖6-43）。

⑤兩腿不動，上體向右傾斜，臀部向左擺動。右臂彎曲，左臂伸直。眼看左手或左側前下方（圖6-44）。

⑥兩腿不動，上體豎直。兩手按於兩腿上，兩臂彎曲。眼看前下方或平視前方（圖6-45）。

⑦兩手上托至胸前，手心向上，兩腿隨之伸直（圖6-46）。

圖6-43

圖6-44

圖6-45

圖6-46

兩手先向上，然後分別向兩側擺至約與肩平，手心向下。重心移至右腿成右側弓步。眼看右手（圖6-47）。

　　⑧兩臂從兩側下落，兩手收托於腹前，手指斜相對，手心斜向上。同時，左腳向右腳併步，兩腿先屈後伸。眼兼視兩手或平視前方（圖6-48）。

　　第2個8拍同第1個8拍動作相同，惟方向相反（圖6-49～59）。

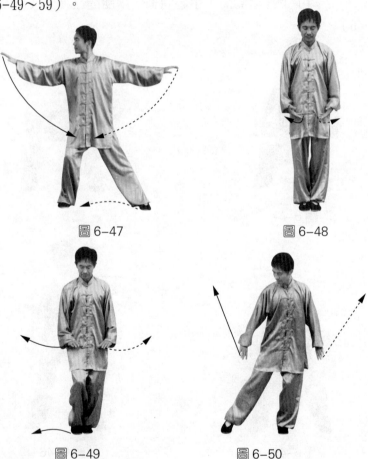

圖6-47　　　　　　　　　　　圖6-48

圖6-49　　　　　　　　　　　圖6-50

圖 6-51

圖 6-52

圖 6-53

圖 6-54

圖 6-55

圖 6-56

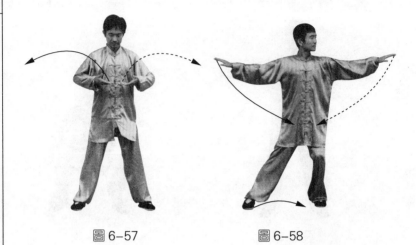

圖 6-57   圖 6-58

（2）要 點

①成馬步時，兩腳尖可適度外
展。

②馬步高度因人而異。

③兩手腹前合抱時，兩手指間的
距離為 10～20 釐米；兩手與腹部保
持適度距離，不可貼近腹部；兩臂、
兩手在腹前成渾圓抱球狀。

（3）作 用

圖 6-59

①強腎陰，降心火（心火：由於情志之火內發而產生
的一些熱的症狀）。

②加強頸項部、脊柱、臀部、胯部和腿部的肌肉力
量，提高以上各部位關節的靈活性。

第六式　兩手攀足固腎腰

（1）動　作

①兩手沿兩腿內側足少陰腎經脈（見經絡圖八）摩運下行至踝關節處，兩拇指點按太谿穴（見穴位圖解九）。上體隨之前俯。眼兼視兩手（圖6-60）。

②兩手沿兩腿內側足少陰腎經脈摩運上行，再托於腹前。眼兼視兩手或平視前方（圖6-61、62）。

圖6-60

圖6-61

圖6-62

疏導經脈篇

如此重複，共做 8 拍。第 8 拍結束時，兩手變拳置於腰側，拳心向上。眼看前方（圖6-63）。

（2）要　點

①上體前俯時，頭頸部應自然抬頭。

②不能點按太谿穴者，可點按三陰交穴（見穴位圖解十）。

③速度要緩要勻。

④嚴重高血壓、心肌梗塞等心血管系統疾病者在醫生的指導下練習此式。

圖 6-63

（3）作　用

①中醫認為：「腰為腎之府」，所以本式能強腎補元。

②改善身體柔韌性。

〔相關穴位〕

太谿穴、三陰交穴。

〔相關經脈〕

足少陰腎經。

第七式　攢拳怒目增氣力

（1）動　作

①隨重心移至右腿，左腳跟抬起，右腿彎曲（圖6-64）。

左腳向左開步，兩腳之間的距離比肩要寬，兩腳腳尖向前，兩腿彎曲，重心移至兩腿之間。兩拳不動。眼看前下方（圖6-65）。

兩腿伸直，兩拳不動。眼看前方（圖6-66）。

圖 6-64

圖 6-65

圖 6-66

②左拳向左前側方沖出，拳心向下，力達拳面；右拳不動。同時，兩腿彎曲下蹲成馬步。眼看左拳（圖6-67）。

左臂外旋下壓，然後將左拳收於左腰側，拳心向上；右拳不動。兩腿隨之伸直。眼看前方（圖6-68、69）。

③右拳向右前側方沖出，拳心向下，力達拳面；左拳不動。同時，兩腿彎曲下蹲成馬步。眼看右拳（圖6-70）。

圖 6-67

圖 6-68

圖 6-69

圖 6-70

右臂外旋下壓，然後將右拳收於右腰側，拳心向上；左拳不動。兩腿隨之伸直。眼看前方（圖6-71、72）。

　　④左腳向右腳併步，兩腿先屈後伸。兩拳不動。眼看前方（圖6-73、74）。

圖6-71

圖6-72

圖6-73

圖6-74

⑤隨重心移至左腿，右腳跟抬起，左腿彎曲（圖 6-75）。

右腳向右開步，兩腳之間的距離比肩要寬，兩腳腳尖向前，兩腿彎曲，重心移至兩腿之間。兩拳不動。眼看前下方（圖 6-76）。

兩腿伸直，兩拳不動。眼看前方（圖 6-77）。

⑥右拳向右前側方沖出，拳心向下，力達拳面；左拳不動。同時，兩腿彎曲下蹲成馬步。眼看右拳（圖 6-78）。

右臂外旋下壓，然後將右拳收於右腰側，拳心向上；左拳不動。兩腿隨之伸直。眼看前方（圖 6-79、80）。

⑦左拳向左前側方沖出，拳心向下，力達拳面；右拳不動。同時，兩腿彎曲下蹲成馬步。眼看左拳（圖 6-81）。

圖 6-75　　　　　圖 6-76　　　　　圖 6-77

左臂外旋下壓，然後將左拳收於左腰側，拳心向上；
右拳不動。兩腿隨之伸直。眼看前方（圖6-82、83）。

圖6-78

圖6-79

圖6-80

圖6-81

圖6-82

圖6-83

圖 6-84

圖 6-85

⑧右腳向左腳併步，兩腿先
屈後伸。兩拳不動。眼看前方
（圖6-84、85）。

如此重複共做兩個8拍。第
2個8拍結束時，兩拳變掌，兩
手自然鬆垂於體側，手心向內。
眼看前方（圖6-86）。

（2）要 點

①向前側方沖拳時，速度要
快；將拳收於腰側時，速度要
緩。

②沖拳時，鼻腔出氣、發聲以配合發力，同時兩眼睜
圓。

圖 6-86

圖 6-87　　　　　　　附圖 6-87

（3）作　用

中醫認為，「肝主筋，開竅於目」，而「爪為筋之餘」，故本式的作用為：

①疏泄肝火，調理肝氣。
②強健筋骨，改善身體素質。

第八式　背後起顛百病消

圖 6-88

（1）動　作

①隨著吸氣，腳跟拔起，百會上頂，兩肩鬆垂。眼看前方（圖 6-87、附圖 6-87）。

②隨著呼氣，腳跟落地。眼看前方（圖 6-88）。

如此重複，共做 8 拍。

（2）要 點

①腳跟落地時要輕，勿重。
②腳跟落地時要做輕微的起顛以帶動整個身體的顫動。

（3）作 用

使周身生物磁場成有序化排列，暢通全身經脈，有助於防治多種慢性病。

結束勢　調息吐納

（1）動 作

①隨著吸氣，兩手慢慢向前上方自然擺至約與肩平，兩手間距離比肩略寬，手心向上，兩腿隨之自然伸直。眼看前方（圖 6-89）。

②隨著呼氣，兩手緩緩下按於體側。同時，兩腿彎曲。眼看前下方或前方（圖 6-90）。

③隨著吸氣，兩手慢慢向體側上方擺至約與肩平，手心向下，兩腿隨之自然伸直。眼看前方（圖 6-91）。

圖 6-89

④隨著呼氣，兩手緩緩下落於體側。同時，兩腿彎曲。眼看前下方或前方（圖6-92）。

⑤隨著吸氣，兩手慢慢向體側自然上擺，兩腿隨之自然伸直。眼看前方（圖6-93）。

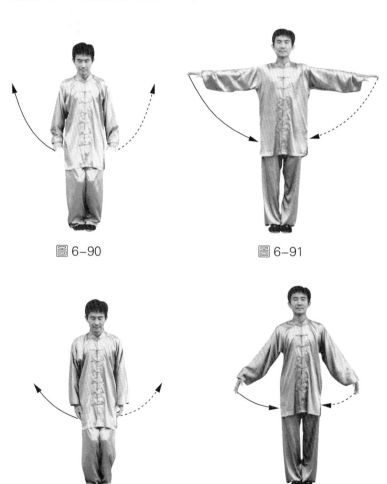

圖6-90

圖6-91

圖6-92

圖6-93

圖 6-94　　　　　圖 6-95　　　　　圖 6-96

　　⑥隨著呼氣，兩手緩緩下落於體側。同時，兩腿彎曲。眼看前下方或前方（圖6-94）。

　　⑦兩腿自然伸直，兩手疊於丹田，男性左手在內，女性右手在內，做3次細勻深長的腹式呼吸，意在歸氣於丹田。兩眼看前下方或輕閉（圖6-95）。

　　⑧兩手鬆垂於體側，回到開始勢。眼看前方（圖6-96）。

（2）要　點

　　①兩手上擺時，要舒胸展體。
　　②兩手下落時，身體放鬆，兩腿膝關節內側要相靠。

（3）作　用

　　調整呼吸，舒緩身心。

（三）連續動作圖

連續動作如圖 6-1～96 所示。

圖 6-1 圖 6-2 圖 6-3 圖 6-4 圖 6-5

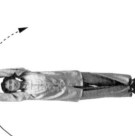

圖 6-6 圖 6-7 圖 6-8 圖 6-9 圖 6-10

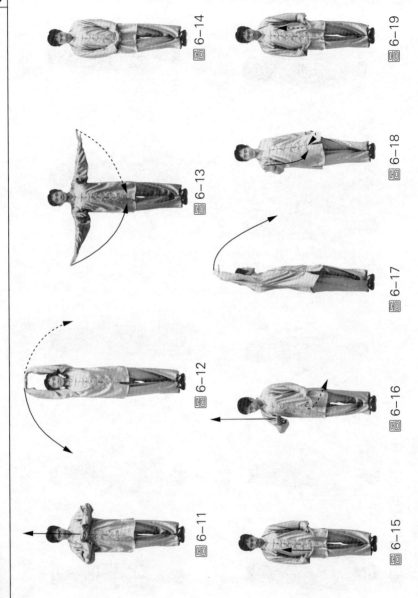

圖6-14

圖6-19

圖6-13

圖6-18

圖6-17

圖6-12

圖6-16

圖6-11

圖6-15

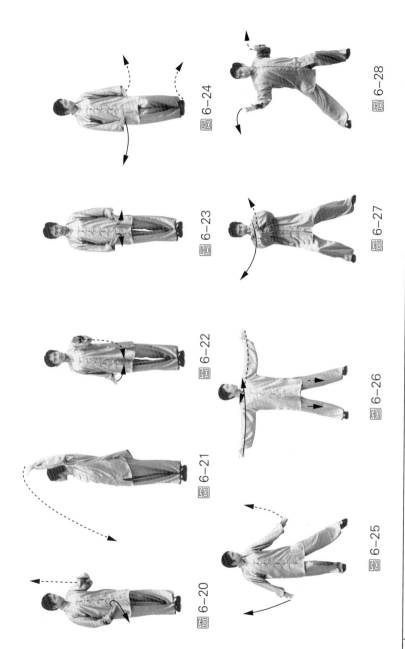

圖 6-24

圖 6-28

圖 6-23

圖 6-27

圖 6-22

圖 6-26

圖 6-21

圖 6-25

圖 6-20

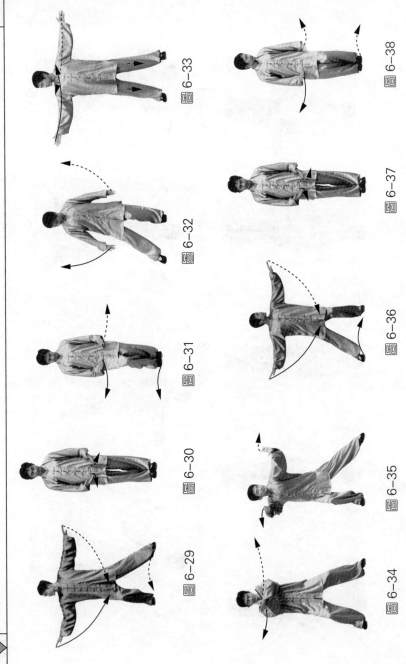

圖 6-33

圖 6-38

圖 6-32

圖 6-37

圖 6-31

圖 6-36

圖 6-30

圖 6-35

圖 6-29

圖 6-34

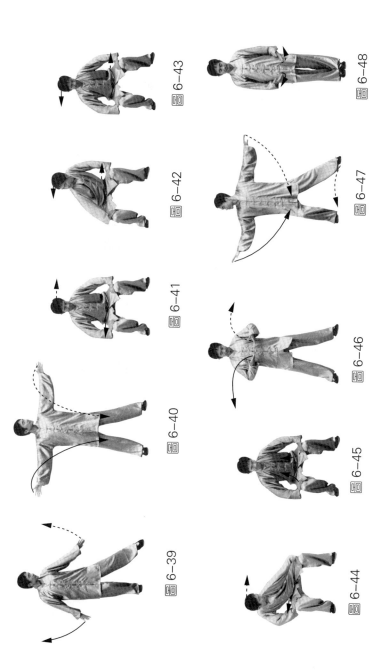

圖 6-39　圖 6-40　圖 6-41　圖 6-42　圖 6-43

圖 6-44　圖 6-45　圖 6-46　圖 6-47　圖 6-48

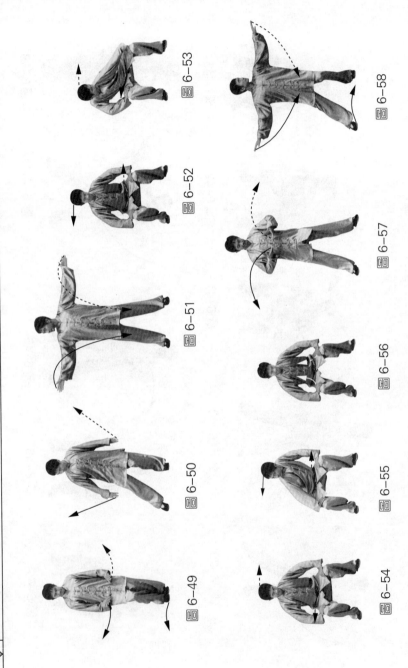

圖6-49

圖6-50

圖6-51

圖6-52

圖6-53

圖6-54

圖6-55

圖6-56

圖6-57

圖6-58

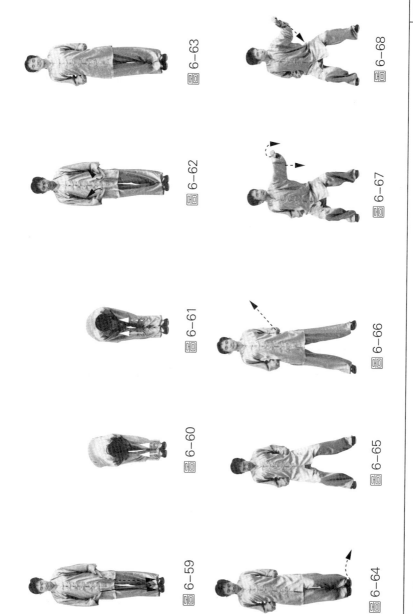

圖 6-63

圖 6-62

圖 6-61

圖 6-60

圖 6-59

圖 6-68

圖 6-67

圖 6-66

圖 6-65

圖 6-64

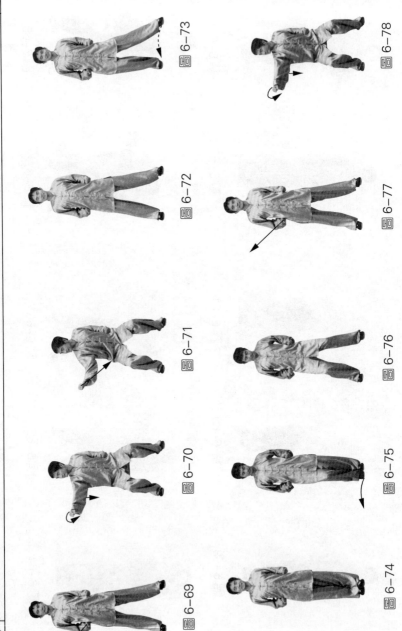

圖 6-73

圖 6-78

圖 6-72

圖 6-77

圖 6-71

圖 6-76

圖 6-70

圖 6-75

圖 6-69

圖 6-74

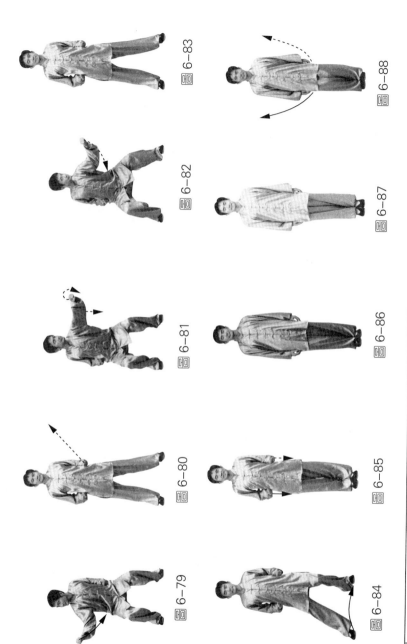

圖 6-83

圖 6-82

圖 6-81

圖 6-80

圖 6-79

圖 6-88

圖 6-87

圖 6-86

圖 6-85

圖 6-84

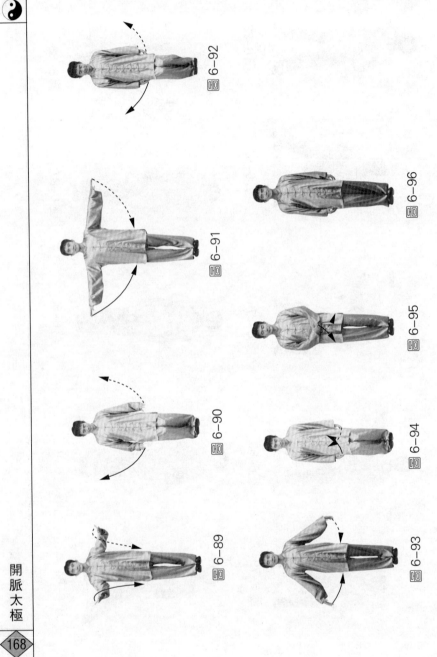

圖 6-89

圖 6-90

圖 6-91

圖 6-92

圖 6-93

圖 6-94

圖 6-95

圖 6-96

開脈太極篇

太極拳已有三百多年的歷史，現在越來越受到
國內外人們的喜愛和歡迎。傳統的太極拳，由於是
一種傳統武術，所以技擊應是它的首要目的，但是
隨著時代的發展，用太極拳來作為健身的手段已是
現代人較普遍的選擇了。

　　本篇介紹的開脈太極套路則是在傳統太極拳和
傳統養生功法的基礎上，以開通經脈、養生保健為
主要目的而創編的。其套路簡單易學，動作流暢，
姿勢舒展大方。演練起來如潺潺之流水，連綿不
斷，一氣呵成；演練完畢，人體內氣血暢流不息，
周身舒適，保健效果顯著。

　　本篇介紹的套路既是開脈太極的初級套路，又
可作為一般太極拳的基礎練習方法，以提高健身鍛
鍊的效果。

七、開脈太極基本技術

(一) 手 型

開脈掌：五指微分，掌心虛空，食指微展（圖7-1）。

拇指和食指為手太陰肺經脈的止點（見經絡圖一），食指亦為手太陰肺經脈和手陽明大腸經脈的連接點，據中醫學「肺朝百脈。肺脈通，則百脈通」之說，本掌型有開通肺經脈進而暢通全身經脈的作用。

(二) 手 法

①**掤法**：手臂向前推出，肘彎曲，手心向內，力達手背、腕和前臂（圖7-2）。

②**捋法**：兩手向下、向後捋，一手在前，手心向下；另一手在後，手心向上（圖7-3）。

圖7-1

圖 7-2

圖 7-3

③**擠法**：後手手指置於前手手腕處，兩手同時向前推出，前手手心向內，後手手心向外，力達手腕和前臂（圖7-4）。

④**按法**：兩手或單手向下按，手心向下，坐腕，指微翹（圖7-5）。

圖 7-4

圖 7-5

⑤**推法**：兩手或單手從腰側或胸部向前推出，手心向外，力達掌根（圖7-6）。

（三）步　型

①**併步**：兩腳、兩腿併攏，腳尖向前，兩腿鬆立或彎曲（圖7-7、8）。

圖7-6

圖7-7

圖7-8

圖 7-9　　　　　　　　　　　圖 7-10

②**開立步**：兩腳開立，兩腳之間的距離比肩略寬，腳尖向前，兩腿自然伸直或微屈；兩手鬆垂於體側，輕貼兩腿外側（圖 7-9）。

③**馬步**：兩腳開立，兩腳之間的距離比肩略寬，腳尖向前，兩腿屈蹲，似騎馬狀（圖 7-10）。

④**丁步**：一腿屈蹲，全腳掌著地；另一腿彎曲收於支撐腿內側，前腳掌虛點地。左腳點地為左丁步，右腳點地為右丁步（圖 7-11）。

⑤**虛步**：兩腳前後開立，一腳在後，全腳掌著地，腿屈蹲；另一腳在前，後腳跟或前腳掌虛點地，腿微屈。左腳在前為左虛步，右腳在前為右虛步（圖 7-12）。

⑥**前弓步**：兩腿前後開立，前腿屈蹲，腳尖向前，膝不超過腳尖，後腿自然伸直，兩腳全腳著地。左腿在前為左弓步，右腿在前為右弓步（圖 7-13）。

圖 4-11

圖 7-12

⑦**側弓步：**兩腳左右開立，一腿屈蹲，腳尖內扣45°，膝不超過腳尖；另一腿自然伸直，兩腳全腳著地。左腿屈蹲為左側弓步，右腿屈蹲為右側弓步（圖 7-14）。

圖 7-13

圖 4-14

（四）步 法

①扣腳：以腳跟為軸，腳尖向內扣轉（圖7-15～
17）。

②擺腳：以腳跟為軸，腳尖向外擺動（圖7-18～

圖7-15

圖7-16

圖7-17

圖7-18

21）。

③碾腳：以腳掌為軸，腳跟向內收轉為內碾腳（圖7–22、23）；以腳掌為軸，腳跟向外輾轉為外碾腳（圖7–24、25）。

圖 7–19

圖 7–20

圖 7–21

圖 7–22

圖 7-23　　　　　　圖 7-24　　　　　　圖 7-25

④**滑步**：一腿鬆立，全腳掌落地，同時，另一腿彎曲，前腳掌著地並沿地面滑動（圖 7-26、27）。

圖 7-26　　　　　　　　　圖 7-27

⑤**活步**：身體重心隨步法的變化在兩腿間轉換（圖 7–28～36）。

圖 7–28

圖 7–29

圖 7–30

圖 7–31

圖 7–32

圖 7–33

圖 7-34　　　　　　圖 7-35　　　　　　圖 7-36

（五）身　型

①頭頸部：虛靈頂勁，不偏不倚，中正安舒。

②肩部：向下鬆沉。

③胸背部：含胸拔背。

④腰臀部：鬆腰斂臀。

⑤腹部：氣沉丹田。

⑥襠部：圓襠鬆胯。

⑦腿部：自然伸直或屈蹲。

⑧腳部：五趾抓地。

⑨臂部：肘要向下墜，處處見弧形。

⑩手部：五指自然舒張。

(六)身　法

①腰為主宰，以腰動為先，帶動身體其他部位的運動。

②周身運動處處見弧形，周身上下圓活自如，樂在其中。

(七)眼　法

①眼隨手行，精神貫注。
②平視前方，周身放鬆。
③兩眼輕閉，意在丹田。

(八)呼　吸

①靜時，自然呼吸，安詳平和。
②動時，起吸落呼，開吸合呼，貴在自然。

(九)意　念

①周身放鬆，貴於圓活。
②意於動作，漸入忘我。

八、開脈太極養生樁法

(一)無極樁

　　兩腳、兩腿併攏，腳尖向前，兩腿自然鬆立。兩肩鬆沉，兩手輕貼兩腿外側。頂平項直，嘴唇微合，舌抵上腭，面帶微笑，眼視前方無限遠處。周身放鬆，緩緩地調整呼吸（圖8-1）。

　　無極樁兩腿屈蹲動作的練習，有助於體會周身的鬆垂勁，培養正確姿勢（圖8-2）。

圖 8-1

圖 8-2

(二) 太極樁

　　兩腳開立，兩腳的距離比肩略寬，兩腿自然彎曲。兩肩鬆沉，兩手垂於體側，兩腋虛空，五指自然舒張。舌抵上腭，兩眼平視前方或輕閉，面帶祥和之意（圖8-3）。

(三) 抱球樁

1. 開始勢

　　無極樁（略）。

2. 預備勢

　　太極樁（圖8-4）。

圖 8-3

圖 8-4

圖 8-5　　　　　　　　　　圖 8-6

3. 抱球樁

①兩手上托至
膻中穴（見穴位圖
解四），手心向
上。兩腿伸直。眼
兼視兩手（圖 8-
5、6）。

②兩手、兩臂
向前掤出，手心向
內，兩腿隨之彎
曲。眼兼視兩手
（圖 8-7）。

圖 8-7

保持此姿勢不變，體會氣血在身體內的運轉，周身渾
圓一體，有力不可催之感。

圖 8-8　　　　　　　　　　圖 8-9

　　做完以後，隨著吸氣，兩手前伸，手心向下，兩腿隨之伸直。眼看前方（圖 8-8）。隨著呼氣，兩手下落至體側，兩腿自然彎曲。眼看前方，回到預備勢（圖 8-9）。最後回到開始勢。

（四）分水樁

1. 開始勢

無極樁（略）。

2. 預備勢

太極樁（圖 8-10）。

圖 8-10

圖 8-11　　　　　圖 8-12　　　　　圖 8-13

3. 分水椿

　　①隨著吸氣，兩手上托至膻中穴（見穴位圖解四），手心向上。兩腿伸直。眼兼視兩手（圖 8-11、12）。

　　②隨著呼氣，兩手、兩臂向前掤出，手心向內，兩腿隨之彎曲。眼兼視兩手（圖 8-13）。

　　③隨著吸氣，兩手分別向兩側拉開，手心相對，兩腿隨之伸直。眼看前方（圖 8-14）。

圖 8-14

　　④隨著呼氣，兩手翻轉下落至體側，手心向下，兩腿隨之彎曲。眼看前下方（圖 8-15）。

　　⑤同動作 1。

圖 8-15　　　　　　　　　圖 8-16

⑥同動作 2。

⑦同動作 3。

⑧同動作 4。

　　本式動作可重複多遍，但連續做不要超過 9 遍。做完以後，回到預備勢（圖 8-16），最後回到開始勢。

（五）調息椿

1. 開始勢

無極椿（略）。

2. 預備勢

太極椿（圖 8-17）。

圖 8-17

圖 8-18

圖 8-19

3. 調息椿

①隨著吸氣，兩
手慢慢向前上方自然
擺至約與肩平，兩手
間距離比肩略寬，手
心向上，兩腿隨之自
然伸直。眼看前方
（圖 8-18）。

②隨著呼氣，兩
手緩緩下按於體側。
同時，兩腿彎曲。眼
看前下方或前方（圖 8-19）。

圖 8-20

③隨著吸氣，兩手慢慢向體側上方擺至約與肩平，手
心向下，兩腿隨之自然伸直。眼看前方（圖 8-20）。

圖 8-21

圖 8-22

④隨著呼氣，兩手緩緩下落於體側。同時，兩腿彎曲。眼看前下方或前方（圖8-21）。

⑤隨著吸氣，兩手慢慢向前上方自然擺至約與肩平，兩手間距離比肩略寬，手心向上，兩腿隨之自然伸直。眼看前方（圖8-22）。

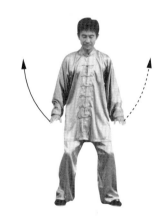

圖 8-23

⑥隨著呼氣，兩手緩緩下按於體側。同時，兩腿彎曲。眼看前下方或前方（圖8-23）。

⑦隨著吸氣，兩手慢慢向體側上方擺至約與肩平，手

圖 8-24　　　　　　　　　　　圖 8-25

心向下，兩腿隨之自然伸
直。眼看前方（圖 8-
24）。

　⑧隨著呼氣，兩手緩
緩下落於體側。同時，兩
腿彎曲。眼看前下方或前
方（圖 8-25）。

　本式動作可重複多
遍，但連續做不要超過 9
遍。做完以後，回到預備
勢（圖 8-26），最後回
到開始勢。

圖 8-26

九、開脈太極初級套路

（一）動作名稱

開始勢	無極椿	預備勢	調息吐納
第一式	左右前掤	第二式	摟膝拗步
第三式	左右雲手	第四式	松鶴獨立
第五式	哪吒探海	結束勢	氣歸丹田

（二）動作說明和要點

開始勢　無極椿

身體自然站立成無極椿（圖 9-1）。

預備勢　調息吐納

左腳先向左側開步成太極椿（圖 9-2）。

（1）動　作

①隨著吸氣，兩臂向前上方擺動至約與肩平，手心向下。兩腿自然伸直。眼看前方（圖 9-3）。

②隨著呼氣，兩手緩緩下按至兩胯側，手心向下，兩腿隨之彎曲。眼視前下方（圖 9-4）。

圖 9-1

圖 9-2

圖 9-3

圖 9-4

　　③隨著吸氣，兩臂先向體側後方擺動，後向前上方弧形擺動至約與肩平，手心向下，兩腿隨之先屈後伸。眼看前方（圖 9-5、6）。

圖 9-5 　　　　　　　 圖 9-6

　④隨著呼氣，兩手緩緩下按至兩胯側，手心向下，兩腿隨之彎曲。眼視前下方（圖 9-7）。

　本式自第 3 拍動作開始，隨一吸一呼為一遍，一般做 1～3 遍，可重複多遍，但連續做不要超過 9 遍。

圖 9-7

（2）要 點

　①兩臂上擺時，周身放鬆，切勿聳肩；兩手下按時，沉肩垂肘，鬆腰斂臀。

　②兩手下按和身體下蹲、兩腿彎曲的動作要協調一致。

　③做第 3 拍動作時，胸部要先展後鬆。

第一式　左右前掤

（1）動　作

向左前掤一

①隨身體微向左轉，兩手手心相對於體前成抱球狀，右手在上，左手在下。同時，右腿彎曲，重心移至右腿；左腳收於右腳內側，前腳掌著地，成左丁步。眼看右手（圖9-8）。

②左腳向左前方邁步，腳跟著地，兩手基本不動。眼看右手（圖9-9）。

③左腳腳掌落地，右腳腳跟後蹬成左弓步。同時，左臂向左掤出，高約與胸平，手心向後；右手下按於右胯旁，手心向下。眼看左手（圖9-10）。

圖9-8

圖9-9

圖 9-10

圖 9-11

轉換勢

①左腳尖蹺起，重心後移至右腿。同時，左臂前伸，手心向下（圖 9-11）。

②隨身體右轉，左腳尖內扣、著地。同時，左臂向右擺至體前，約與肩平；右手按於右胯旁。眼看左手（圖 9-12）。

向右前掤一

圖 9-12

①隨身體微向右轉，兩手手心相對收於體前成抱球狀，左手在上，右手在下。同時，左腿彎曲，重心移至左腿；右腳收於左腳內側，前腳掌著地，成右丁步。眼看左手（圖 9-13）。

圖 9-13

圖 9-14

②右腳向右前方邁步，腳跟著地，兩手基本不動。眼看左手（圖 9-14）。

③右腳腳掌落地，左腳腳跟後蹬成右弓步。同時，右臂向右掤出，高約與胸平，手心向後；左手下按於左胯旁，手心向下。眼看右手（圖 9-15）。

轉換勢

圖 9-15

①右腳尖蹺起，重心後移至左腿。同時，右臂前伸，手心向下（圖 9-16）。

②隨身體左轉，右腳尖內扣、著地。同時，右臂向左擺至體前，約與肩平；左手下按於左胯旁。眼看右手（圖 9-17）。

圖 9-16

圖 9-17

圖 9-18

圖 9-19

向左前掤二

①隨身體微向左轉，兩手手心相對於體前成抱球狀，右手在上，左手在下。同時，右腿彎曲，重心移至右腿；左腳收於右腳內側，前腳掌著地。眼看右手（圖 9-18）。

②左腳向左前方邁步，腳跟著地，兩手基本不動。眼看右手（圖 9-19）。

圖 9–20　　　　　　　圖 9–21

③左腳腳掌落地，右腳腳跟後蹬成左弓步。同時，左臂向左掤出，高約與胸平，手心向後；右手下按於右胯旁，手心向下。眼看左手（圖 9–20）。

轉換勢

①左腳尖蹺起，重心後移至右腿。同時，左臂前伸，手心向下（圖 9–21）。

②隨身體右轉，左腳尖內扣、著地。同時，左臂向右擺至

圖 9–22

體前，約與肩平；右手下按於右胯旁。眼看左手（圖 9–22）。

向右前掤二

①隨身體微向右轉，兩手手心相對收於體前成抱球

圖 9-23

圖 9-24

狀，左手在上，右手在下。
同時，左腿彎曲，重心移至
左腿；右腳收於左腳內側，
前腳掌著地。眼看左手（圖
9-23）。

　　②右腳向右前方邁步，
腳跟著地，兩手基本不動。
眼看左手（圖9-24）。

　　③右腳腳掌落地，左腳
腳跟後蹬成右弓步。同時，
右臂向右掤出，高約與胸

圖 9-25

平，手心向後；左手下按於左胯旁，手心向下。眼看右手
（圖9-25）。

　　向左前掤三的動作同向左前掤二；向右前掤三的動作
同向右前掤二。

圖 9–26   圖 9–27

氣沉丹田

　　①隨身體左轉，右腳尖內扣、著地，重心移向左腿。
同時，兩手向左、向前方平擺至體前，比肩略寬，高與胸
平，手心向下。眼看前方或兼視兩手（圖 9–26）。

　　②重心先移至右腿，然後左腳抬起落於右腳內側，兩
腳之間距離約與肩寬，兩腿彎曲，重心隨之移到兩腿之
間。同時，兩臂彎曲，兩肘鬆垂，手心向下。眼看前下方
或兼視兩手（圖 9–27）。

　　③兩手緩緩下按，落於體側，兩腿隨之自然伸直，氣
沉丹田。眼看前方（圖 9–28）。

　　本式左右動作各做 1 次為 1 遍，一般做 1～3 遍，也可
重複多遍，但連續做不要超過 9 遍。

圖 9-28

圖 9-29

（2）要 點

①兩臂體前相抱時，不可離身體太近。

②兩臂處處保持弧形。

③弓步高度因人而異，但襠部要圓。

第二式　摟膝拗步

（1）動 作

左式一

①上體微向左轉，左腳隨之收到右腳內側，前腳掌著地。同時，右手向上擺至右肩外側，臂微屈，手約與肩平或略高於肩，手心向上；左手向上、向右畫弧至右胸前，手心向下。眼看右手（圖 9-29）。

②上體左轉，左腳向左前側方邁步，腳跟著地。同

圖 9-30   圖 9-31

時，左手下落於腹前，手心向下；右手移至右耳旁，右臂
彎曲，手心斜向下。眼看左前下方或左手（圖 9-30）。

　　③左腳腳掌落地，右腳腳跟後蹬成左弓步。同時，左
手向左弧形擺至左胯旁，左手下按，手心向下；右手向前
推出，高約與肩平，手心向前。眼看右手或前視（圖 9-
31）。

　　轉換勢

　　①左腳尖蹺起，重心後移至右腿。同時，右手手心向
下。眼看右手（圖 9-32）。

　　②隨身體右轉，左腳尖內扣、落地，重心在右腿。同
時，左手外旋向上擺起，略低於肩，手心向上；右手擺於
左肩前，手心向下。眼看左手（圖 9-33）。

　　右式一

　　①右腳收於左腳內側，前腳掌著地。同時，左手上擺
至左肩外側，臂微屈，手約與肩平或略高於肩，手心向

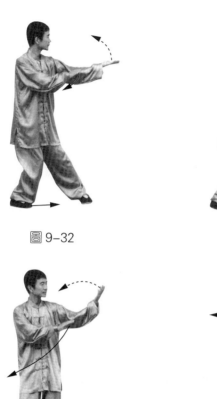

圖 9-32

圖 9-33

圖 9-34

圖 9-35

上;右手落於左胸前,手心向下。眼看左手(圖9-34)。

　　②上體右轉,右腳向右前側方邁步,腳跟著地。同時,右手下落於腹前,手心向下;左手移至左耳旁,左臂彎曲,手心斜向下。眼看右前下方或右手(圖9-35)。

　　③右腳腳掌落地,左腳腳跟後蹬成右弓步。同時,右

圖9-36　　　　　　　　　　圖9-37

手向右弧形擺至右胯旁，右手下按，手心向下；左手向前
推出，高約與肩平，手心向前。眼看左手或前視（圖9-
36）。

轉換勢

①右腳尖蹺起，重心後移至左腿。同時，左手手心向
下。眼看左手（圖9-37）。

②隨身體左轉，右腳尖內扣、落地，重心在左腿。同
時，右手外旋向上擺起，略低於肩，手心向上；左手擺於
右肩前，手心向下。眼看右手（圖9-38）。

左式二

①左腳收於右腳內側，前腳掌著地。同時，右手上擺
至右肩外側，臂微屈，手約與肩平或略高於肩，手心向
上；左手落於右胸前，手心向下。眼看右手（圖9-39）。

②上體左轉，左腳向左前側方邁步，腳跟著地。同
時，左手下落於腹前，手心向下；右手移至右耳旁，右臂

圖 9-38

圖 9-39

圖 9-40

圖 9-41

彎曲，手心斜向下。眼看左前下方或左手（圖9-40）。

　　③左腳腳掌落地，右腳腳跟後蹬成左弓步。同時，左手向左弧形擺至左胯旁，左手下按，手心向下；右手向前推出，高約與肩平，手心向前。眼看右手或前視（圖9-41）。

轉換勢

①左腳尖蹺起，重心後移至右腿。同時，右手手心向下。眼看右手（圖9-42）。

②隨身體右轉，左腳尖內扣、落地，重心在右腿。同時，左手外旋向上擺起，略低於肩，手心向上；右手擺於左肩前，手心向下。眼看左手（圖9-43）。

右式二

①右腳收於左腳內側，前腳掌著地。同時，左手上擺至左肩外側，臂微屈，手約與肩平或略高於肩，手心向上；右手落於左胸前，手心向下。眼看左手（圖9-44）。

②上體右轉，右腳向右前側方邁步，腳跟著地。同時，右手下落於腹前，手心向下；左手移至左耳旁，左臂彎曲，手心斜向下。眼看右前下方或右手（圖9-45）。

③右腳腳掌落地，左腳腳跟後蹬成右弓步。同時，右手向右弧形擺至右胯旁，右手下按，手心向下；左手向前推出，高約與肩平，手心向前。眼看左手或前視（圖9-

圖9-42

圖9-43

46）。

左式三的動作同左式二；右式三的動作同右式二。

氣沉丹田

①隨身體左轉，右腳尖內扣、著地，重心移向左腿。同時，兩手向左、向前方平擺至體前，比肩略寬，高與胸平，手心向下。眼看前方或兼視兩手（圖9-47）。

圖 9-44

圖 9-45

圖 9-46

圖 9-47

②重心先移至右腿，然後左腳抬起落於右腳內側，兩腳之間距離約與肩寬，兩腿彎曲，重心隨之移到兩腿之間。同時，兩臂彎曲，兩肘鬆垂，手心向下。眼看前下方或兼視兩手（圖9-48）。

③兩手緩緩下按，落於體側，兩腿隨之自然伸直，氣沉丹田。眼看前方（圖9-49）。

本式左右動作各做1次為1遍，一般做1～3遍，可重複多遍，但連續做不要超過9遍。

（2）要 點

①向前推掌動作應有一個由虛掌變實掌的過程。
②做第3拍動作時，下按手不可靠身體太近。

第三式　左右雲手

（1）動 作

圖9-48　　　　　　　　圖9-49

向左雲手一

①左手向右、向上、向左上方弧形擺動至左肩前，手心向內；右手隨之向左擺至腹前，手心向內。重心在左腿。眼看左手（圖9-50、51）。

②左手邊內旋邊向左下方按掌，手心向外、向下；右手隨之向上擺至左胸前，手心向內，左手低於右手。重心移向右腿。眼看右手（圖9-52）。

圖9-50

圖9-51

圖9-52

向右雲手一

①右手向右上方弧形擺動至右肩前，手心向內；左手向右擺至腹前，手心向內。重心在右腿。眼看右手（圖9-53）。

②右手邊內旋邊向右下方按掌，手心向外、向下；左手隨之向上擺至右胸前，手心向內，右手低於左手。重心移向左腿。眼看左手（圖9-54）。

向左雲手二

③左手向左上方弧形擺動至左肩前，手心向內；右手向左擺至腹前，手心向內。重心在左腿。眼看左手（圖9-55）。

④左手邊內旋邊向左下方按掌，手心向外、向下；右手隨之向上擺至左胸前，手心向內，左手低於右手。重心移向右腿。眼看右手（圖9-56）。

圖 9-53

圖 9-54

向右雲手二

①右手向右上方弧形擺動至右肩前，手心向內；左手向右擺至腹前，手心向內。重心在右腿。眼看右手（圖 9–57）。

圖 9–55

圖 9–56

圖 9–57

②右手邊內旋邊向右下方按掌，手心向外、向下；左手隨之擺至右胸前，手心向內，右手低於左手。重心移向左腿。眼看左手（圖9-58）。

向左雲手三的動作同向左雲手二；向右雲手三的動作同向右雲手二。

氣沉丹田

①兩手交叉於胸前，左手在上，右手在下，兩手心斜向上。重心移至兩腿之間，兩腿微屈。眼兼視兩手（圖9-59）。

②兩手內旋分掌，兩手間距離比肩寬，手心向下。兩腿自然伸直。眼看前方（圖9-60、61）。

圖9-58

圖9-59

圖9-60

③兩手緩緩下按，落於體側，兩腿隨之先屈後伸，氣沉丹田。眼看前方（圖9-62～64）。

本式左右動作各做1次為1遍，一般做3遍，也可重複多遍，但連續做不要超過9遍。

圖 9-61

圖 9-62

圖 9-63

圖 9-64

（2）要　點

①手的動作不可過高。

②手的動作要與腰的動作協調一致，以腰的轉動帶動手的動作。

③重心的移動要靈活自如，腳後跟應隨動作和重心的變化而自然抬起、落下。

第四式　松鶴獨立

（1）動　作

①兩手緩緩向前上方擺起，高約與肩平，手心向下。眼看前方（圖9-65）。

②兩手緩緩向下按於兩胯側，比肩略寬，手心向下。同時，左腿屈膝上提。眼看前方（圖9-66）。

圖9-65

圖9-66

③左腳落地，兩膝彎曲，兩手隨之鬆垂於體側。眼看前下方（圖9-67）。

④兩手緩緩向前上方擺起，高約與肩平，手心向下。眼看前方（圖9-68）。

⑤兩手緩緩向下按於兩胯側，比肩略寬，手心向下。同時，右腿屈膝上提。眼看前方（圖9-69）。

圖9-67

圖9-68

圖9-69

⑥右腳落地，兩膝彎曲，兩手隨之鬆垂於體側。眼看前下方（圖9-70）。

氣沉丹田

①隨著吸氣，兩手緩緩向前上方擺起，手心向下。兩腿自然伸直。眼看前方（圖9-71）。

②隨著呼氣，兩手緩緩下按，落於體側。兩腿隨之先屈後伸，氣沉丹田。眼看前方（圖9-72、73）。

本式1～6拍動作為1遍，一般做1～3遍，也可重複多遍，但連續做不要超過9遍。

圖9-70

圖9-71

圖9-72

圖 9-73 　　　　　　　圖 9-74 　　　　　　　圖 9-75

（2）要 點

①兩腳的距離約與肩寬。

②兩手下按提膝時，意在兩手向下如按水中之球。

第五式　哪吒探海

預備勢

　　①兩臂向前上方慢慢抬起，高約與肩平，兩手間距離約與肩寬，手指向前，手心相對。兩腿自然伸直，重心在兩腿之間。眼看前方或兼視兩手（圖 9-74）。

　　②兩臂彎曲，兩手置於胸前，兩手間距離 5～10 釐米，手指向上，手心相對。兩腿隨之彎曲。眼兼視兩手（圖 9-75）。

左式一

①兩手慢慢向左右兩側分開於兩肩前，兩手間距離比肩略寬，手指向上，手心斜向前。兩腿隨之自然伸直。眼兼視兩手（圖9-76）。

②兩手心相對，慢慢向裏合，兩手似觸非觸，手指向上。兩腿隨之彎曲。眼兼視兩手（圖9-77）。

③同動作①（圖9-78）。

④身體向左轉約45°，右腿彎曲，重心移到右腿；左腳稍向前移，前腳掌著地，成左虛步。

圖9-76

圖9-77

圖9-78

同時，隨上體前俯左手向前、向下畫弧按於左胯旁，手心向下；右手向前、向左下方插出，指尖斜向下。眼看右手或左前下方（圖9-79）。

右式一

①隨上體抬起，兩臂向左前上方慢慢擺動，略低於肩，兩手間距離約與肩寬，手指向前，手心相對。兩腿微屈。眼兼視兩手（圖9-80）。

隨身體轉正，兩手慢慢向左右兩側分開於兩肩前，兩手間距離比肩寬，手指向前，手心相對。兩腿隨之自然伸直，重心移至兩腿間。眼看前方或兼視兩手（圖9-81）。

圖9-79

圖9-80

圖9-81

②兩手心相對，慢慢向裏合，兩手似觸非觸，手指向上。兩腿隨之彎曲。眼兼視兩手（圖9-82）。

③兩手慢慢向左右兩側分開於兩肩前，兩手間距離比肩略寬，手指向上，手心斜向前。兩腿隨之自然伸直。眼兼視兩手（圖9-83）。

④身體向右轉約45°，左腿彎曲，重心移到左腿；右腳稍向前移，前腳掌著地，成右虛步。同時，隨上體前俯右手向前、向下畫弧按於右胯旁，手心向下；左手向前、向右下方插出，指尖斜向下。眼看左手或右前下方（圖9-84）。

圖9-82

圖9-83

圖9-84

左式二

①隨上體抬起，兩臂向右前上方慢慢擺動，略低於肩，兩手間距離約與肩寬，手指向前，手心相對。兩腿微屈。眼兼視兩手（圖9-85）。

隨身體轉正，兩手慢慢向左右兩側分開於兩肩前，兩手間距離比肩寬，手指向前，手心相對。兩腿隨之自然伸直，重心移至兩腿間。眼看前方或兼視兩手（圖9-86）。

②兩手心相對，慢慢向裏合，兩手似觸非觸，手指向上。兩腿隨之彎曲。眼兼視兩手（圖9-87）。

圖9-85

圖9-86

圖9-87

開脈太極篇

③兩手慢慢向左右兩側分開於兩肩前，兩手間距離比肩略寬，手指向上，手心斜向前。兩腿隨之自然伸直。眼兼視兩手（圖9-88）。

④身體向左轉約45°，右腿彎曲，重心移到右腿；左腳稍向前移，前腳掌著地，成左虛步。同時，隨上體前俯左手向前、向下畫弧按於左胯旁，手心向下；右手向前、向左下方插出，指尖斜向下。眼看右手或左前下方（圖9-89）。

右式二

①隨上體抬起，兩臂向左前上方慢慢擺動，略低於肩，兩手間距離約與肩寬，手指向前，手心相對。兩腿微屈。眼兼視兩手（圖9-90）。

圖 9-88

圖 9-89

圖 9-90

隨身體轉正，兩手慢慢向左右兩側分開於兩肩前，兩手間距離比肩寬，手指向前，手心相對。兩腿隨之自然伸直，重心移至兩腿間。眼看前方或兼視兩手（圖9-91）。

　　②兩手心相對，慢慢向裏合，兩手似觸非觸，手指向上。兩腿隨之彎曲。眼兼視兩手（圖9-92）。

　　③兩手慢慢向左右兩側分開於兩肩前，兩手間距離比肩略寬，手指向上，手心斜向前。兩腿隨之自然伸直。眼兼視兩手（圖9-93）。

圖9-91

圖9-92

圖9-93

④身體向右轉約 45°，左腿彎曲，重心移到左腿；右腳稍向前移，前腳掌著地，成右虛步。同時，隨上體前俯右手向前、向下畫弧按於右胯旁，手心向下；左手向前、向右下方插出，指尖斜向下。眼看左手或右前下方（圖 9-94）。

氣沉丹田

①隨上體抬起，兩臂向右前上方慢慢擺動，略低於肩，兩手間距離約與肩寬，手指向前，手心相對。兩腿微屈。眼兼視兩手（圖 9-95）。

隨身體轉正，兩手慢慢向左右兩側分開於兩肩前，兩手間距離比肩寬，手指向前，手心相對。兩腿隨之自然伸直，重心移至兩腿間。眼看前方或兼視兩手（圖 9-96）。

②兩手心相對，慢慢向裏合，兩手似觸非觸，手指向上。兩腿隨之彎曲。眼兼視兩手（圖 9-97）。

③兩手慢慢向左右兩側分開於兩肩前，兩手間距離比

圖 9-94

圖 9-95

開脈太極

224

肩略寬，手指向上，手心斜向前。兩腿隨之自然伸直。眼兼視兩手（圖9-98）。

④兩手心相對，慢慢向裏合，兩手似觸非觸，手指向上。兩腿隨之彎曲。眼兼視兩手（圖9-99）。

圖9-96

圖9-97

圖9-98

圖9-99

⑤兩手向前方掤出，高約與胸平，兩手間距離約 20 釐米，手心向內。兩腿隨之自然伸直。眼兼視兩手（圖 9-100）。

⑥兩手內旋翻轉使手心向下，然後緩緩下按，落於兩胯旁。兩腿隨之彎曲。眼看前下方（圖 9-101、102）。

兩腿自然伸直，兩手落於體側。眼看前方（圖 9-103）。

本式左右動作各做 1 次為 1 遍，一般做 1～3 遍，也可重複多遍，但連續做不要超過 9 遍。

圖 9-100

圖 9-101　　　　　圖 9-102　　　　　圖 9-103

（2）要 點

①兩手在胸前相分於兩肩前時，如球中之氣向外膨脹；兩手心相對，慢慢向裏內合時，如擠壓球中之氣。

②成虛步時，後腿彎曲和上體前俯的程度因人而異。

結束勢　氣歸丹田

（1）動 作

①左腳向右腳併步，兩腿自然伸直，兩手疊於丹田，男性左手在內，女性右手在內，做 3 次細勻深長的腹式呼吸，意在歸氣於丹田。兩眼看前下方或輕閉（圖 9-104～106）。

圖 9-104

圖 9-105

圖 9-106

圖 9-107

　②兩手鬆垂於體側，回到開始勢。眼看前方（圖9-107）。

　注：學員在學習整套動作時，應循序漸進，具體要求如下。

　①先學習預備勢的調息吐納動作。

　②待前一式的動作熟練後，再學習下一式動作。

　③初學者習練時弓步不宜過大。

（三）連續動作圖

連續動作如圖 9-1～107 所示。

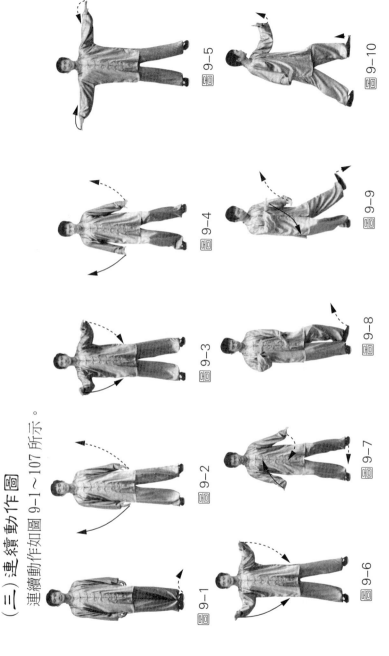

圖9-1　圖9-2　圖9-3　圖9-4　圖9-5

圖9-6　圖9-7　圖9-8　圖9-9　圖9-10

開脈太極篇

229

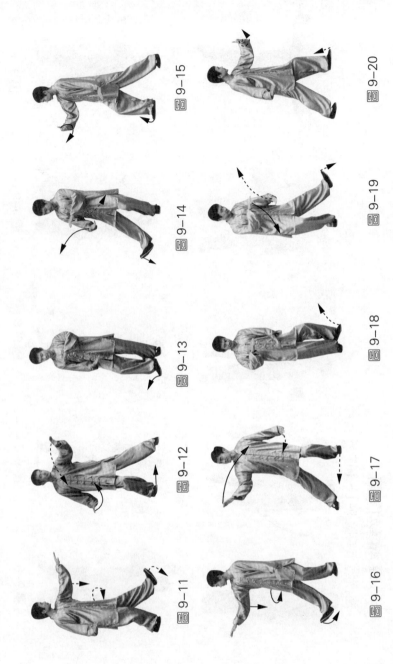

圖 9－15

圖 9－20

圖 9－14

圖 9－19

圖 9－13

圖 9－18

圖 9－12

圖 9－17

圖 9－11

圖 9－16

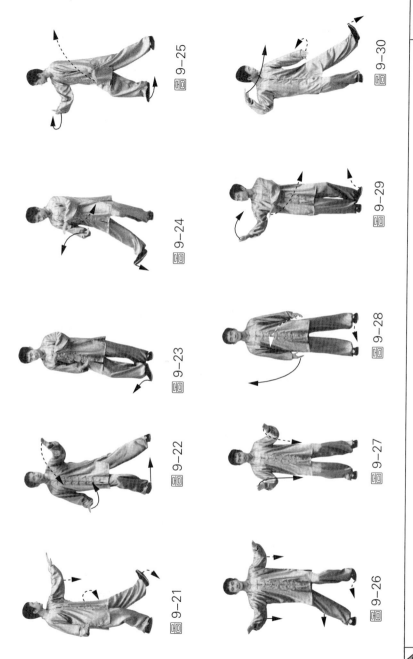

圖 9-30

圖 9-29

圖 9-28

圖 9-27

圖 9-26

圖 9-25

圖 9-24

圖 9-23

圖 9-22

圖 9-21

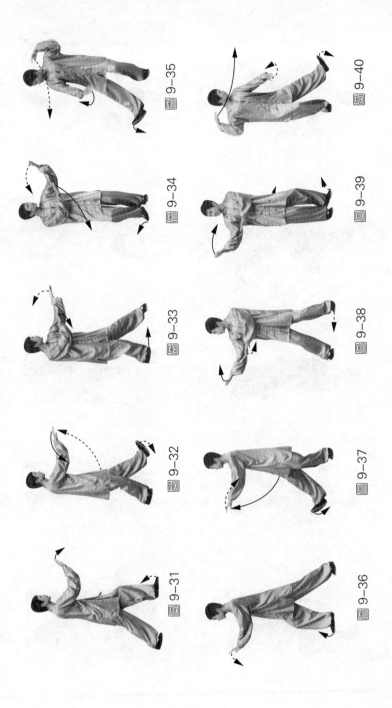

圖9-35

圖9-40

圖9-34

圖9-39

圖9-33

圖9-38

圖9-32

圖9-37

圖9-31

圖9-36

圖 9-45

圖 9-44

圖 9-43

圖 9-42

圖 9-41

圖 9-50

圖 9-49

圖 9-48

圖 9-47

圖 9-46

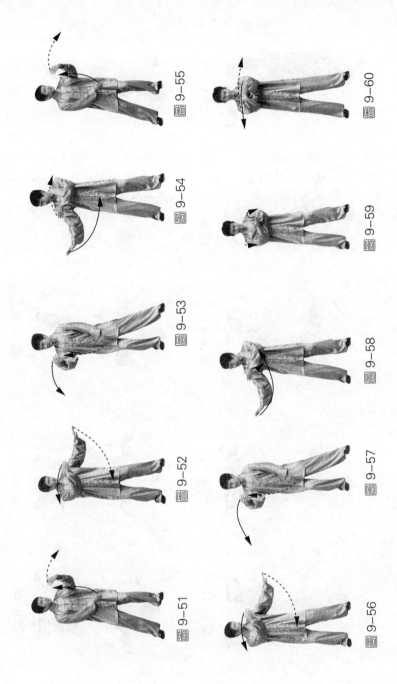

圖 9-55

圖 9-60

圖 9-54

圖 9-59

圖 9-53

圖 9-58

圖 9-52

圖 9-57

圖 9-51

圖 9-56

圖 9-65

圖 9-64

圖 9-63

圖 9-62

圖 9-61

圖 9-70

圖 9-69

圖 9-68

圖 9-67

圖 9-66

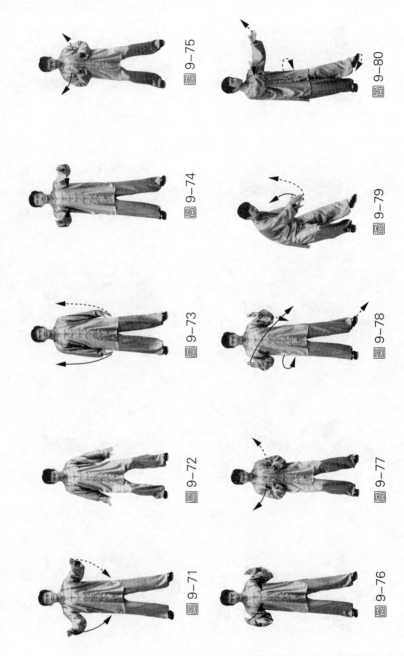

圖 9-75   圖 9-80

圖 9-74   圖 9-79

圖 9-73   圖 9-78

圖 9-72   圖 9-77

圖 9-71   圖 9-76

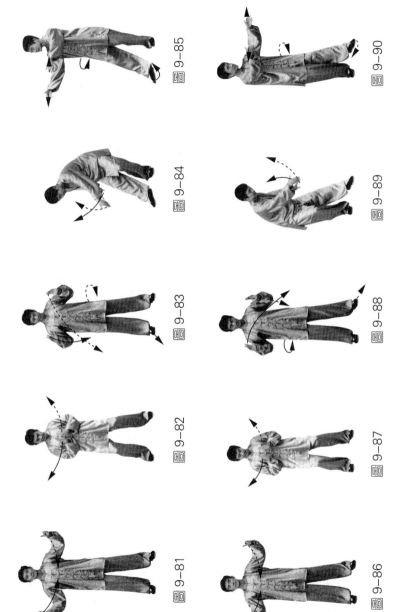

圖 9-85

圖 9-90

圖 9-84

圖 9-89

圖 9-83

圖 9-88

圖 9-82

圖 9-87

圖 9-81

圖 9-86

開脈太極篇

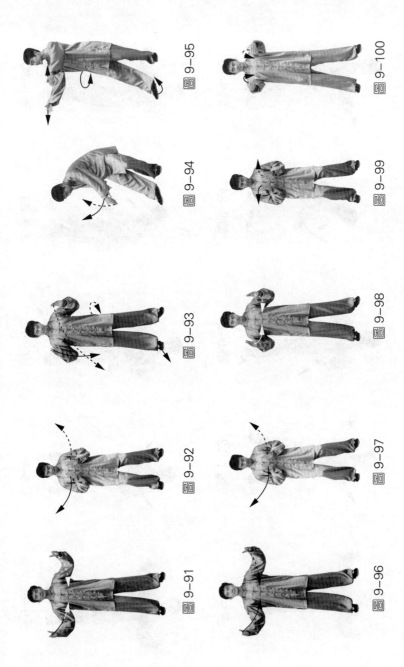

圖 9-95

圖 9-94

圖 9-93

圖 9-92

圖 9-91

圖 9-100

圖 9-99

圖 9-98

圖 9-97

圖 9-96

圖 9–105

圖 9–104

圖 9–103

圖 9–102

圖 9–107

圖 9–101

圖 9–106

開脈太極篇

開脈保健
舞蹈篇

《呂氏春秋·古樂篇》記載：「昔陶唐之始，陰多滯伏而湛積，水道壅塞，不行其源，民氣鬱淤而滯著，筋骨瑟縮不達，故作舞以宣導之。」可見，中國傳統醫療舞蹈在古代即被用於疏筋骨，利關節，通調氣血，保健康復。

　　在中國最古老的醫學經典《黃帝內經》的「素問」篇中，也對古代舞蹈的醫療作用作了充分肯定。因此，舞蹈作爲醫療保健手段至少在兩千多年前的中國就已經產生了，並且與中華傳統健身方法密切相關，爲其淵源之一。

　　開脈保健舞蹈是以中醫學理論爲指導，在多年研究古代醫療保健舞蹈的基礎上，博採傳統健身方法和現代舞蹈的精華創編而成。

　　開脈保健舞蹈符合醫理，符合人體運動規律，具有鍛鍊身體的全面性和針對性，體現了中華民族健身文化的特色。

十、開脈保健舞蹈的主要特點

開脈保健舞蹈的主要特點有以下三點。

(一)以調理肺臟為首要

開脈保健舞蹈以全身最主要的十二經脈的起始經脈，也是全身經脈最終回歸的經脈——肺經脈（肺臟）為首先調理的經脈（內臟）。

中醫有「肺朝百脈。肺脈通，則百脈通」之說，足見將肺脈列為首位的重要性。

(二)遵循人體五臟六腑的相生順序

開脈保健舞蹈主要是依據「五行學說」這一中國醫學的經典理論，動作的編排遵循了中醫學關於人體五臟六腑的相生順序，要求習練者按照人體內臟的相生順序，對周身全部臟器進行逐個的整體的調理，以獲得良好的保健效果。

(三)傳統養生學與舞蹈藝術的完美結合

開脈保健舞蹈是在中國醫學的理論基礎上，繼承了古代醫療保健舞蹈的精華，並將傳統健身運動與現代舞蹈融

為一體創編而成的，是對傳統健身運動的繼承和創新，它充分體現了養生學和舞蹈美學的要求與特點。其動作造型優美，舒展大方，飄灑自如，婀娜多姿。練習時如江河流水滔滔不絕、連綿不斷、一氣呵成，盡享健與美的陶醉；練習之後，頓感周身血脈暢通無阻，氣血川流不息，整個身心沉浸在暖融融的舒適的意境之中，似飄飄欲仙之感，意猶未盡。此外，它在體現舞蹈藝術美的同時，更注重保健效果。

　　實踐證明，這套健身方法取得了良好的保健效果，由於其動作簡單、姿勢優美、功法科學而受到了眾多人們的歡迎和喜愛，並被歐洲的健身學院列為所修課程。

十一、開脈保健舞蹈的初級套路

（一）動作名稱

開始勢　併步站立
第一式　喜迎朝陽調肺經
第二式　亭亭玉立強腎臟
第三式　摩運章門舒肝膽
第四式　溪水潺湲降心火
第五式　仙女散花和脾胃
結束勢　展翅調息緩身心

（二）各式動作、要點、作用和相關穴位（經脈）

開始勢　併步站立

身體自然站立，兩手鬆垂於體側。嘴唇微合，舌抵上腭，面帶微笑，周身放鬆，緩緩地調整呼吸。眼平視前方（圖11-1）。

圖 11-1

第一式　喜迎朝陽調肺經

（1）動　作

①左腳向左開步，兩腳間距離比肩略寬，兩腿先屈後伸，重心在兩腿間。同時，兩手分別向前、向側上方擺起至體側，略高於肩，手心向上。眼平視前方或看左手（圖11-2～5）。

兩手相合，置於頭的兩側，手心斜向前下方。眼平視前方（圖11-6）。

圖 11-2

圖 11-3

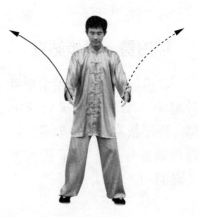

圖 11-4

②兩手向前下方緩緩按出至胯的兩側。同時，兩腿彎曲。眼視前下方（圖 11-7、8）。

圖 11-5

圖 11-6

圖 11-7

圖 11-8

③兩手分別從兩側緩緩上抬至約與肩平，手心向下，兩腿隨之伸直。眼平視前方（圖11-9）。

④左腳向右腳併攏，兩腿先屈後直。同時，兩手緩緩下落至體側。眼平視前方（圖11-10、11）。

圖11-9

圖11-10

圖11-11

⑤右腳向右開步，兩腳間距離比肩略寬，兩腿先屈後伸，重心在兩腿間。同時，兩手分別向前、向側上方擺起至體側，略高於肩，手心向上。眼平視前方或看右手（圖11–12～15）。

圖 11–12

圖 11–13

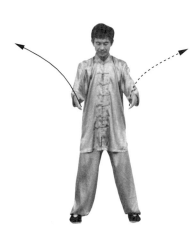

圖 11–14

圖 11–15

　　兩手相合，置於頭的兩側，手心斜向前下方。眼平視前方（圖 11-16）。

　　⑥兩手向前下方緩緩按出至胯的兩側。同時，兩腿彎曲。眼視前下方（圖 11-17、18）。

圖 11-16

圖 11-17

圖 11-18

⑦兩手分別從兩側緩緩上抬至約與肩平，手心向下，兩腿隨之伸直。眼平視前方（圖11-19）。

　　⑧隨著呼氣，右腳向左腳併攏，兩腿先屈後伸。同時，兩手緩緩下落至體側。眼平視前方（圖11-20、21）。

　　如此重複兩遍。

圖 11-19

圖 11-20

圖 11-21

開脈保健舞蹈篇

（2）要 點

①呼吸自然，切勿憋氣。

②意在氣達拇指的肺經（見經絡圖一）和食指的大腸經（見經絡圖二），兩經脈得到暢通。同時意想，隨著吸氣，大地清新之氣納入體內，隨著呼氣，肺中濁氣排出體外。

③第 1 動，即開步時，應先呼氣後吸氣（以下凡屬開步動作均照此要求行之）。

（3）作 用

調理手太陰肺經和手陽明大腸經，益肺和大腸，有助於防治肺炎、肺氣腫、氣管炎、支氣管炎等呼吸系統疾病及大腸疾病。

〔相關經脈〕

手太陰肺經和手陽明大腸經。

第二式　亭亭玉立強腎臟

（1）動 作

①左腳向左開步，兩腳間距離比肩略寬，重心移向左腿。同時，兩手分別向前、向側上方擺起至體側，略高於肩，手心向上。眼看左手（圖 11-22、23）。

右腳向左腳前側方蓋步，身體重心在左腿。同時，兩手分別從兩側向上擺至頭上方，手心斜向下。眼視前方

（圖 11–24）。

　　②兩腿屈膝半蹲成歇步，左腳跟提起，身體重心移至兩腿中間。同時，兩手內合下按於腿側。眼兼視兩手（圖11–25）。

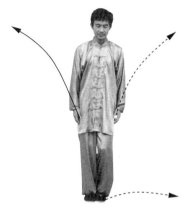

圖 11–22

圖 11–23

圖 11–24

圖 11–25

右腿伸直，左腿微屈，左腳跟提起，身體重心移至右腿。同時，兩手下按於兩胯側。眼視前方（圖11-26）。

　　③右腳向右開步，兩腳間距離比肩略寬。同時，兩手分別向前、向側上方擺起至體側，略高於肩，手心向上。身體重心先移至左腿，後移向右腿。眼看右手（圖11-27、28）。

　　④左腳向右腳併攏，兩腿彎曲。同時，兩手向前擺至體前，兩手間距離比肩要寬，手心向下。眼看前方或兼視兩手（圖11-29）。

　　兩手下按落於體側，兩腿隨之自然伸直。眼視前方（圖11-30）。

圖 11-26

圖 11-27

圖 11-28

⑤右腳向右開步，兩腳間距離比肩略寬，重心移向右腿。同時，兩手分別向前、向側上方擺起至體側，略高於肩，手心向上。眼看右手（圖11–31、32）。

圖 11–29

圖 11–30

圖 11–31

圖 11–32

左腳向右腳前側方蓋步，身體重心在右腿。同時，兩手分別從兩側向上擺至頭上方，手心斜向下。眼視前方（圖11-33）。

⑥兩腿屈膝半蹲成歇步，右腳跟提起，身體重心移至兩腿中間。同時，兩手內合下按於腿側。眼兼視兩手（圖11-34）。

左腿伸直，右腿微屈，右腳跟提起，身體重心移至左腿。同時，兩手下按於兩胯側。眼視前方（圖11-35）。

⑦左腳向左開步，兩腳間距離比肩略寬。同時，兩手分別向前、向側上方擺起至體側，略高於肩，手心向上。身體重心先移至右腿，後移向左腿。眼看左手（圖11-36、37）。

⑧右腳向左腳併攏，兩腿彎曲。同時，兩手向前擺至體前，兩手間距離比肩

圖 11-33

圖 11-34

圖 11-35

要寬，手心向下。眼看前方或兼視兩手（圖11-38）。

兩手下按落於體側，兩腿隨之自然伸直。眼視前方（圖11-39）。

如此重複兩遍。

圖 11-36

圖 11-37

圖 11-38

圖 11-39

（2）要點

⑨兩手手心向上，分別向前、向側上方擺起至體側時，動作儘量舒展。

⑩兩腿交叉下蹲時，兩大腿內側和襠部要相互擠壓、刺激足少陰腎經（見經絡圖八）、足厥陰肝經（見經絡圖十二），然後兩腿伸直。

（3）作　用

調理足少陰腎經、足厥陰肝經，強壯腎氣，有助於防治腎炎、膀胱炎、前列腺炎、前列腺肥大、尿頻、月經不調、痛經、白帶不盡、遺精、陽痿等泌尿生殖系統疾病。

〔相關經脈〕

足少陰腎經、足厥陰肝經。

第三式　摩運章門舒肝膽

（1）動　作

①左腳向左開步，兩腳間距離比肩略寬，兩腿先屈後伸，重心在兩腿間。同時，兩手置於小腹部並沿腹部上提向外分至於章門穴（見穴位圖解十），手心向內。眼兼視兩手或平視前方（圖11-40～42）。

②兩手按壓章門穴後沿肝經脈（見經絡圖十二）摩運下行至小腹部。同時，兩腿彎曲。眼兼視兩手（圖11-43）。

圖 11-40

圖 11-41

圖 11-42

圖 11-43

　　③兩手掌指相對如抱球狀向前、向上擺動至頭上方。
同時，兩腿伸直。眼視前方（圖11-44、45）。

　　④左腳向右腳併攏，兩腿先屈後伸。同時，兩手分別
向兩側緩緩下落於體側。眼視前方（圖11-46、47）。

圖 11-44

圖 11-45

圖 11-46

圖 11-47

⑤右腳向右開步，兩腳間距離比肩略寬，兩腿先屈後伸，重心在兩腿間。同時，兩手置於小腹部並沿腹部上提向外分至於章門穴，手心向內。眼兼視兩手或平視前方

（圖 11-48～50）。

⑥兩手按壓章門穴後沿肝經脈摩運下行至小腹部。同時，兩腿彎曲。眼兼視兩手（圖 11-51）。

⑦兩手掌指相對如抱球狀向前、向上擺動至頭上方。

圖 11-48

圖 11-49

圖 11-50

圖 11-51

同時，兩腿伸直。眼視前方（圖11-52、53）。

⑧隨著呼氣，右腳向左腳併攏，兩腿先屈後伸。同時，兩手分別向兩側緩緩下落於體側。眼視前方（圖11-54、55）。

圖 11-52

圖 11-53

圖 11-54

圖 11-55

如此重複兩遍。

（2）要 點

①兩手按壓章門穴後沿肝經脈摩運下行時，意在疏散淤積在肝臟的濁氣。

②兩手上擺至頭頂時，意在調理三焦，使體內水、氣得以順利疏導到周身各處。

（3）作 用

疏肝、利膽、調理三焦，有助於防治慢性肝炎、肝硬化、肝積水、肝結石、膽結石、膽囊炎等肝膽疾病。

〖相關穴位〗

章門穴。

〖相關經脈〗

足厥陰肝經脈。

第四式　溪水潺湲降心火

（1）動 作

①左腳向左開步，兩腳間距離比肩略寬，兩腿先屈後伸，重心在兩腿間。同時，兩手向前上方擺起至約與胸平，手心向上。眼兼視兩手（圖11-56～58）。

兩手從小指開始邊蜷指邊屈肘，貼於胸前，兩手背相靠，合谷穴（見穴位圖解十二）向內。兩腿自然微屈。眼

圖 11-56

圖 11-57

圖 11-58

圖 11-59

兼視兩手（圖 11-59）。

　②兩手沿腎經脈（見經絡圖八）摩運下行至小腹部，
兩腿隨之彎曲。眼兼視兩手（圖 11-60）。

圖 11-60

圖 11-61

圖 11-62

圖 11-63

③兩手分別向兩側擺起，約與肩平，手心向下。同時，兩腿伸直。眼視前方（圖11-61）。

④兩手緩緩落於體側。同時，左腳向右腳併攏，兩腿先屈後伸。眼視前方（圖11-62、63）。

⑤右腳向右開步，兩腳間距離比肩略寬，兩腿先屈後伸，重心在兩腿間。同時，兩手向前上方擺起至約與胸平，手心向上。眼兼視兩手（圖11-64～66）。

兩手從小指開始邊蜷指邊屈肘，貼於胸前，兩手背相靠，合谷穴向內。兩腿自然微屈。眼兼視兩手（圖11-67）。

⑥兩手沿腎經脈摩運下行至小腹部，兩腿隨之彎曲。眼兼視兩手（圖11-68）。

⑦兩手分別向兩側擺起，約與肩平，手心向下。同時，兩腿伸直。眼視前方（圖11-69）。

圖 11-64

圖 11-65

圖 11-66

圖 11-67

⑧隨著呼氣，兩手緩緩落於體側。同時，右腳向左腳併攏，兩腿先屈後伸。眼視前方（圖11-70、71）。

如此重複兩遍。

圖 11-68

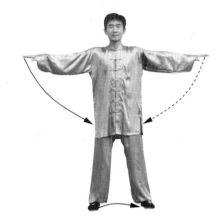

圖 11-69

圖 11-70

圖 11-71

①動作熟練以後，做第 1 和第 5 拍動作時，兩手應邊向上擺動邊蜷指邊屈肘，同時完成。

②兩手沿體前腎經脈摩運下行時，兩小指自然翹起，意在腎水上升、心火下降。

（3）作　用

調理手少陰心經（見經絡圖五）和足少陰腎經，舒心、強小腸，有助於防治高血壓、低血壓、心動過速、心動過緩、心率不整、冠心病等心血管系統疾病和小腸疾病。

〔相關穴位〕

合谷穴。

〔相關經脈〕

手少陰心經和足少陰腎經。

第五式　仙女散花和脾胃

（1）動　作

①左腳向左側開步，兩腳間距離比肩略寬，兩腿先屈後伸，重心在兩腿間。同時，兩手向左前側上方擺起，略比肩高，手心向上。眼看左手（圖 11-72）。

上動不停，隨身體左後轉，兩手向左後平擺，手心向

上。眼看左手（圖 11-73）。

左手以腕為軸旋轉托於左肩上方，手心向上；右手內旋置於左肘下，手心向下。兩腿彎曲。眼看左手（圖 11-74）。

圖 11-72

圖 11-73

圖 11-74

②隨身體右後轉，左手向上用力撐掌，手心向上；右手向右後方弧形擺動至右胯旁，手心向下。同時，兩腿伸直。眼隨右手看右後方（圖11-75、附圖11-75）。

③左手向右側下方壓掌，手心向上；右手按於右胯旁。兩腿彎曲。眼看左手（圖11-76、附圖11-76）。

圖 11-75

附圖 11-75

圖 11-76

附圖 11-76

左手先向下，後隨身體左轉向左側上方回帶擺至與肩平，手心向下；右手向右側上方滑行擺動至與肩平，手心向下。同時，兩腿隨之伸直。眼看左手（圖11-77）。

④兩手緩緩落於體側。同時，左腳向右腳併攏，兩腿先屈後伸。眼視前方（圖11-78）。

⑤右腳向右側開步，兩腳間距離比肩略寬，兩腿先屈後伸，重心在兩腿間。同時，兩手向右前側上方擺起，略比肩高，手心向上。眼看右手（圖11-79）。

圖 11-77

圖 11-78

圖 11-79

上動不停，隨身體右後轉，兩手向右後平擺，手心向上。眼看右手（圖11-80）。

右手以腕為軸旋轉托於右肩上方，手心向上；左手內旋置於右肘下，手心向下。兩腿彎曲。眼看右手（圖11-81）。

⑥隨身體左後轉，右手向上用力撐掌，手心向上；左手向左後方弧形擺動至左胯旁，手心向下。同時，兩腿伸直。眼隨左手看左後方（圖11-82）。

圖 11-80

圖 11-81

圖 11-82

⑦右手向左側下方壓掌，手心向上；左手按於左胯旁。兩腿彎曲。眼看右手（圖11-83）。

右手先向下，後隨身體右轉向右側上方回帶擺至與肩平，手心向下；左手向左側上方滑行擺動至與肩平，手心向下。同時，兩腿隨之伸直。眼看右手（圖11-84）。

⑧兩手緩緩落於體側。同時，右腳向左腳併攏，兩腿先屈後伸。眼視前方（圖11-85）。

如此重複兩遍。

（2）要 點

①做第 1、2 拍和第 5、6 拍動作時，轉體的幅度要適度。

圖 11-83

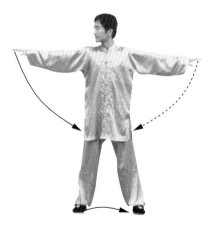

圖 11-85

圖 11-84

②做第 3 和第 7 拍動作時，身體的轉動應盡可能帶動腹部的蠕動。

（3）作 用

調理足陽明胃經（見經絡圖三）和足太陰脾經（見經絡圖四），和胃健脾，有助於防治消化不良、慢性胃炎、胃潰瘍、脾肥大、胃腸脹氣等消化系統疾病。

〔相關經脈〕

足陽明胃經和足太陰脾經。

結束勢　展翅調息緩身心

（1）動 作

①隨著吸氣，兩手抬起約與肩平，手心向下，兩腿隨之伸直。眼看前方（圖 11-86）。

圖 11-86

②隨著呼氣，兩手緩緩向下落於體側，兩腿隨之彎曲。眼看前方或前下方（圖 11-87、88）。

一吸一呼為一次，共做 3 次。最後，兩腿自然伸直，兩手鬆垂於體側，回到開始勢（圖 11-89）。

（2）要 點

兩臂在兩側的上擺高度可逐次降低，以利於調息。

（3）作 用

調整呼吸，舒緩身心。

圖 11-87

圖 11-88

圖 11-89

（三）連續動作圖

連續動作如圖 11-1～89 所示。

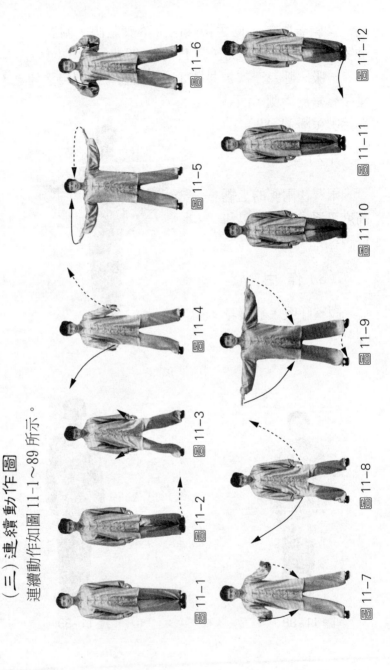

圖 11-1　圖 11-2　圖 11-3　圖 11-4　圖 11-5　圖 11-6

圖 11-7　圖 11-8　圖 11-9　圖 11-10　圖 11-11　圖 11-12

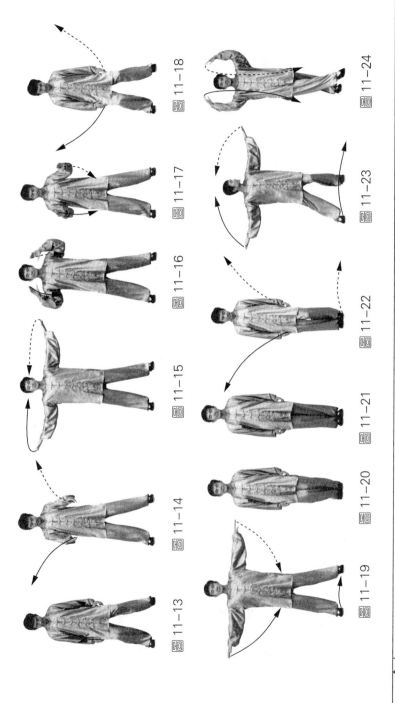

圖11-13　圖11-14　圖11-15　圖11-16　圖11-17　圖11-18

圖11-19　圖11-20　圖11-21　圖11-22　圖11-23　圖11-24

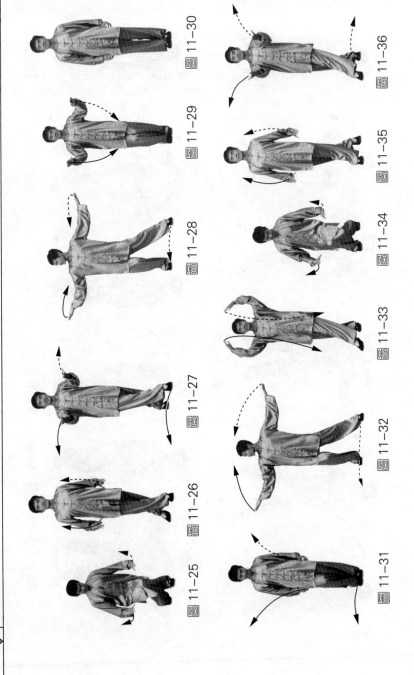

圖 11-30

圖 11-29

圖 11-28

圖 11-27

圖 11-26

圖 11-25

圖 11-36

圖 11-35

圖 11-34

圖 11-33

圖 11-32

圖 11-31

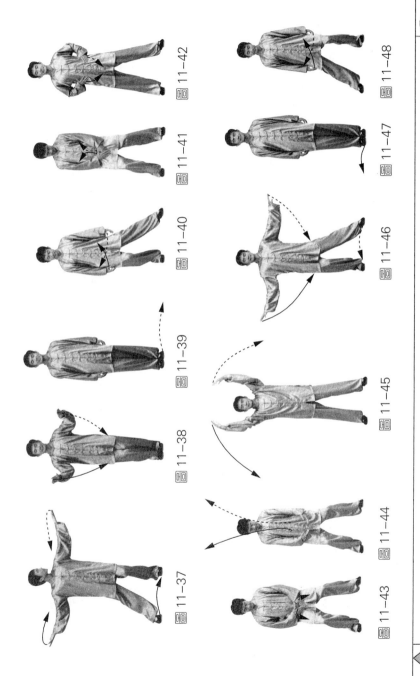

圖 11-37　圖 11-38　圖 11-39　圖 11-40　圖 11-41　圖 11-42

圖 11-43　圖 11-44　圖 11-45　圖 11-46　圖 11-47　圖 11-48

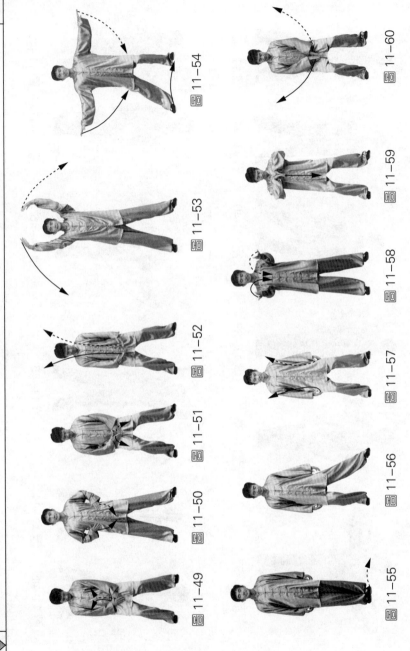

圖 11-54　圖 11-53　圖 11-52　圖 11-51　圖 11-50　圖 11-49

圖 11-60　圖 11-59　圖 11-58　圖 11-57　圖 11-56　圖 11-55

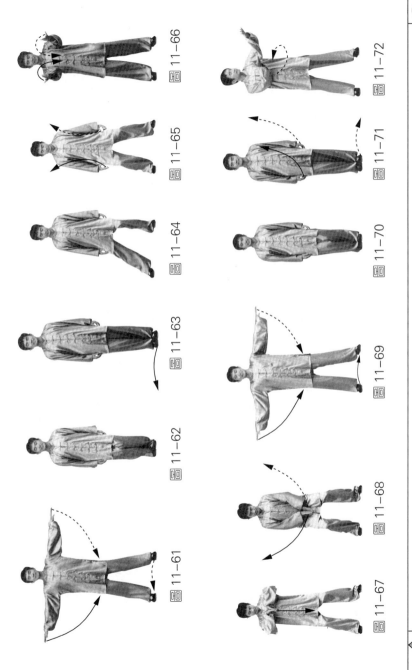

圖 11-66　　　　圖 11-65　　　　圖 11-64　　　　圖 11-63　　　　圖 11-62　　　　圖 11-61

圖 11-72　　　　圖 11-71　　　　圖 11-70　　　　圖 11-69　　　　圖 11-68　　　　圖 11-67

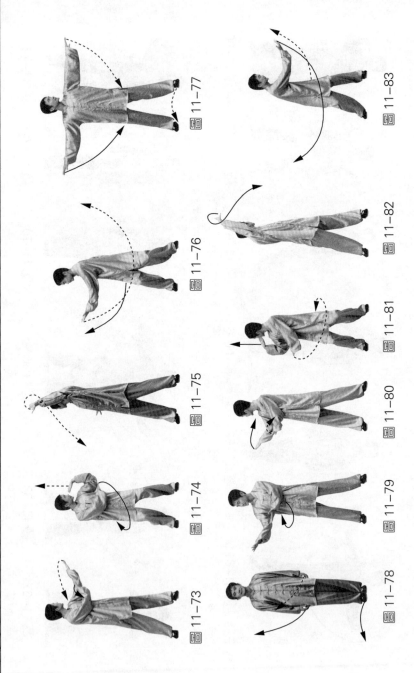

圖 11-73　圖 11-74　圖 11-75　圖 11-76　圖 11-77

圖 11-78　圖 11-79　圖 11-80　圖 11-81　圖 11-82　圖 11-83

圖 11-87

圖 11-86

圖 11-89

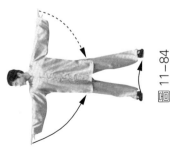

圖 11-85

圖 11-84

圖 11-88

常見慢性病
的運動
處方篇

十二、慢性病運動處方

處方一　高血壓

1. 功法

預備勢

左腳自開始勢（圖12-1-1）向左開步成太極樁，兩腳的距離比肩略寬，兩腿自然彎曲，重心在兩腿間。兩肩鬆沉，兩手垂於體側，兩腋虛空，五指自然舒張。舌抵上腭，面帶祥和之意。兩眼平視前方或輕閉（圖12-1-2）。

圖 12-1-1

圖 12-1-2

調氣開脈

（1）動 作

　　①隨著吸氣，兩手緩緩
向前上方擺動至約與肩平，
手心向下，兩腿隨之伸直。
眼看前方（圖 12-1-3）。

　　②隨著呼氣，兩手緩緩
向下按於腰側，兩腿隨之彎
曲。眼兼視兩手或看前下方
（圖 12-1-4、5）。

圖 12-1-3

圖 12-1-4

圖 12-1-5

③隨著吸氣，兩手從兩側緩緩抬起約與肩平，手心向下，兩腿隨之伸直。眼看前方（圖12-1-6）。

④隨著呼氣，兩手緩緩向下按於腰側，兩腿隨之彎曲。眼看前下方（圖12-1-7、8）。

圖 12-1-6

圖 12-1-7

圖 12-1-8

⑤隨著吸氣，兩手緩緩向前上方擺動至約與肩平，手心向下，兩腿隨之伸直。眼看前方（圖 12-1-9）。

⑥隨著呼氣，兩手緩緩向下按於腰側，兩腿隨之彎曲。眼兼視兩手或看前下方（圖 12-1-10、11）。

圖 12-1-9

圖 12-1-10

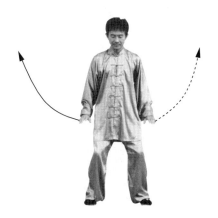

圖 12-1-11

⑦隨著吸氣，兩手從兩側緩緩抬起約與肩平，手心向下，兩腿隨之伸直。眼看前方（圖12-1-12）。

⑧隨著呼氣，兩手緩緩向下按於腰側，兩腿隨之彎曲。眼看前下方（圖12-1-13、14）。

圖 12-1-12

圖 12-1-13

圖 12-1-14

如此重複多遍，但連續做不要超過9遍。做最後一遍的第8拍動作時，隨著呼氣，兩手緩緩下落，鬆垂於體側，兩腿自然伸直，兩眼平視前方，讓氣血在體內繼續運轉。此時，周身氣血在緩緩地不斷地流動著，身體內外慢慢地發暖發熱，氣暖融融，整個身心就像沐浴在溫泉之中，溫暖舒適（圖12-1-15）。

圖 12-1-15

（2）要　點

①呼吸：開始時，呼吸應順其自然，以動作要領為主；動作熟練後，再逐漸地按各式動作的呼吸要求去做。

②意念：做第1拍吸氣時，納氣於丹田；做第2拍呼氣時，導氣達十指端；做第3拍吸氣時，納氣於丹田；做第4拍呼氣時，向下導氣達腳底湧泉穴（見穴位圖解三）和十趾端。

結束勢

①兩手疊於丹田，男性左手在內，女性右手在內，做3次細勻深長的腹式呼吸，意在歸氣於丹田（圖12-1-16）。

圖 12-1-16

圖 12-1-17　　　　　圖 12-1-18　　　　　圖 12-1-19

②然後兩手鬆垂於體側（圖 12-1-17）。

③最後，左腳向右腳併攏，回到開始勢（圖 12-1-18、19）。

〔相關穴位〕

湧泉穴。

〔相關經脈〕

止於或始於手指端的經脈：肺經與大腸經、心經與小腸經、三焦經與心包經。

止於或始於足趾端的經脈：腎經與膀胱經、肝經與膽經、脾經與胃經。

2. 輔助點穴

①合穀谷穴（見穴位圖解十二）：點按各 30 秒鐘，後

輕揉。

②氣海穴（見穴位圖解二）：點按各 30 秒鐘，後輕揉。

③湧泉穴（見穴位圖解三）：每晚睡前，擦揉各 365次。

脾虛型高血壓者：按揉足三里（見穴位圖解十三）、脾腧（見穴位圖解六）各 2～3 分鐘。

腎虛型高血壓者：點按太谿穴（見穴位圖解九）各 30秒鐘，後輕揉；按揉腎腧（見穴位圖解六）各 2～3 分鐘。

肝陽上亢型高血壓者（心煩、頭痛者）：點按太衝穴（見穴位圖解十四）各 30 秒鐘，後輕揉；按揉肝腧（見穴位圖解六）2～3 分鐘。

加拿捏項部（左右手交替）。

處方二 與肺、大腸有關的疾病

1. 功法

預備勢

身體自然站立，兩手鬆垂於體側。嘴唇微合，舌抵上腭，面帶微笑，周身放鬆，緩緩地調整呼吸。眼平視前方（圖 12-2-1）。

圖 12-2-1

喜迎朝陽調肺經

（1）動 作

①左腳向左開步，兩腳間距離比肩略寬，兩腿先屈後伸，重心在兩腿間。同時，兩手分別向前、向側上方擺起至體側，比肩略高，手心向上。眼平視前方或看左手（圖12-2-2～5）。

圖 12-2-2

圖 12-2-3

圖 12-2-4

兩手相合，置於頭的兩側，手心斜向前下方。眼平視前方（圖 12-2-6）。

　　②兩手向前下方緩緩按出至胯的兩側。同時，兩腿彎曲。眼視前下方（圖 12-2-7、8）。

圖 12-2-5

圖 12-2-6

圖 12-2-7

圖 12-2-8

③兩手分別從兩側緩緩上抬至約與肩平，手心向下，兩腿隨之伸直。眼平視前方（圖 12-2-9）。

④左腳向右腳併攏，兩腿先屈後直。同時，兩手緩緩下落至體側。眼平視前方（圖 12-2-10、11）。

圖 12-2-9

圖 12-2-10

圖 12-2-11

⑤右腳向右開步，兩腳間距離比肩略寬，兩腿先屈後伸，重心在兩腿間。同時，兩手分別向前、向側上方擺起至體側，比肩略高，手心向上。眼平視前方或看右手（圖12-2-12～15）。

圖 12-2-12

圖 12-2-13

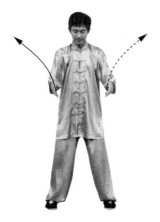

圖 12-2-14

圖 12-2-15

常見慢性病的運動處方篇

297

兩手相合，置於頭的兩側，手心斜向前下方。眼平視前方（圖12-2-16）。

　　⑥兩手向前下方緩緩按出至胯的兩側。同時，兩腿彎曲。眼視前下方（圖12-2-17、18）。

圖 12-2-16

圖 12-2-17

圖 12-2-18

⑦兩手分別從兩側緩緩上抬至約與肩平，手心向下，兩腿隨之伸直。眼平視前方（圖12-2-19）。

⑧隨著呼氣，右腳向左腳併攏，兩腿先屈後直。同時，兩手緩緩下落至體側。眼平視前方（圖12-2-20、21）。

如此重複多遍，但連續做不要超過9遍。

圖 12-2-19

圖 12-2-20

圖 12-2-21

（2）要 點

①呼吸自然，切勿憋氣。

②意在氣達拇指的肺經（見經絡圖一）和食指的大腸經（見經絡圖二），兩經脈得到暢通。同時意想，隨著吸氣，大地清新之氣納入體內，隨著呼氣，肺中濁氣排出體外。

③第1動，即開步時，應先呼氣後吸氣（以下凡屬開步動作均照此要求行之）。

（3）作 用

調理手太陰肺經和手陽明大腸經，益肺和大腸，有助於防治肺炎、肺氣腫、氣管炎、支氣管炎等呼吸系統疾病和大腸疾病。

結束勢

①兩手疊於丹田，男性左手在內，女性右手在內，做3次細勻深長的腹式呼吸，意在歸氣於丹田（圖12-2-22）。

②兩手鬆垂於體側，回到預備勢。眼看前方（圖12-2-23）。

圖 12-2-22　　　圖 12-2-23

手太陰肺經和手陽明大腸經。

2. 輔助點穴

（1）胸 部

①天突穴（見穴位圖解十五）：點按 30 秒鐘，後輕揉。

②膻中穴（見穴位圖解四）：按揉 2～3 分鐘。

（2）手臂部

①內關穴（見穴位圖解十六）：點按各 30 秒鐘，後輕揉。

②合谷穴（見穴位圖解十二）：點按各 30 秒鐘，後輕揉。

③列缺穴（見穴位圖解十七）：點按各 30 秒鐘，後輕揉。

（3）背 部

①定喘穴（見穴位圖解十八）：按揉 2～3 分鐘。
②肺腧（見穴位圖解六）：按揉 2～3 分鐘。
③心腧（見穴位圖解六）：按揉 2～3 分鐘。
④大腸腧（見穴位圖解六）：按揉 2～3 分鐘。
加擦鼻翼兩側，以及背部督脈、兩側膀胱經和腰骶部，以透熱為度。

處方三　與腎、膀胱有關的疾病

1. 功法

預備勢

身體自然站立，兩手鬆垂於體側。嘴唇微合，舌抵上腭，面帶微笑，周身放鬆，緩緩地調整呼吸。眼平視前方（圖 12-3-1）。

捶扣腎腧強腎臟

（1）動　作

①隨著吸氣，左腳向左開步，兩腳間距離比肩略寬，

圖 12-3-1

圖 12-3-2

兩腿先屈後伸，重心在兩腿間。同時，兩手外旋，向後展體擺動，手心向外。抬頭仰視（圖 12-3-2、3）。

　　②隨著呼氣，上體前俯，兩手向上、向前下方擺動至兩腳面，手心向後。眼兼視兩手（圖 12-3-4、5）。

　　③隨著吸氣，兩手沿腿後兩膀胱經脈（見經絡圖七）上行至腰後變拳後伸。眼視前下方（圖 12-3-6～9、附圖 12-3-6～9）。

圖 12-3-3

圖 12-3-4

圖 12-3-5

圖 12-3-6

附圖 12-3-6

圖 12-3-7　　　　　　　　　附圖12-3-7

圖 12-3-8　　　　　　　　　附圖 12-3-8

圖 12-3-9　　　　　　　　　附圖 12-3-9

④隨著呼氣，兩拳背捶扣兩腎腧穴（見穴位圖解六）。眼視前方（圖 12-3-10、附圖 12-3-10）。

⑤隨著吸氣，兩拳變掌沿兩膀胱經脈向上摩運。眼視前下方（圖 12-3-11、附圖 12-3-11）。

圖 12-3-10

附圖 12-3-10

圖 12-3-11

附圖 12-3-11

⑥隨著呼氣，兩手沿兩膀胱經向下摩運至膝關節處。
同時，兩腿微屈。眼兼視兩膝（圖 12-3-12、附圖 12-3-
12）。

　　上動不停，兩手從外向內摩運兩膝關節至兩膝內側。
眼兼視兩手（圖 12-3-13、14）。

圖 12-3-12

附圖 12-3-12

圖 12-3-13

圖 12-3-14

⑦隨著吸氣，兩手沿兩腿內側腎經（見經絡圖八）、足厥陰肝經（見經絡圖十二）等足陰經脈上行達腹部後分別至腰側。同時，左腳向右腳併攏，兩腿先伸後屈。眼兼視兩手或看前下方（圖12-3-15～17）。

圖 12-3-15

圖 12-3-16

圖 12-3-17

圖 12-3-18   圖 12-3-19

⑧隨著呼氣，兩手沿兩腰側下行於體側，兩腿隨之自然伸直。眼視前方（圖 12-3-18、19）。

2～8 拍與 1～8 拍動作相同，唯方向相反，向右邁步做動作。如此重複，連續做不要超過 6 個 8 拍。

（2）要　點

①身體前俯時，切忌過度低頭。

②兩拳捶扣腎腧時，力度要適中，忌重擊！同時鼻腔要配合吐氣。

（3）作　用

調理足少陰腎經、足厥陰肝經，強壯腎氣，有助於防治腎炎、膀胱炎、前列腺炎、前列腺肥大、尿頻、月經不調、痛經、白帶不盡、遺精、陽痿等泌尿生殖系統疾病。

注：嚴重心、腦血管疾病患者和嚴重高血壓者禁練此

圖 12-3-20

圖 12-3-21

式。

結束勢

①兩手疊於丹田，男性左手在內，女性右手在內，做3次細勻深長的腹式呼吸，意在歸氣於丹田（圖 12-3-20）。

②兩手鬆垂於體側，回到預備勢。眼看前方（圖 12-3-21）。

〖相關經脈〗

腎腧穴。

〖相關經脈〗

足少陰腎經、足太陽膀胱經、足厥陰肝經。

2. 輔助點穴

（1）手臂部

內關穴（見穴位圖解十六）：點按 30 秒鐘，後輕揉。

（2）腹 部

關元穴（見穴位圖解二）：點按 30 秒鐘，後輕揉。

（3）腿 部

足三里（見穴位圖解十三）：點按 30 秒鐘，後輕揉。

（4）足 部

①太谿穴（見穴位圖解九）：點按 30 秒鐘，後輕揉。
②湧泉穴（見穴位圖解三）：每夜睡前，擦揉各 300次。

（5）後背部

①腎腧（見穴位圖解六）：手心上下擦摩，以透熱為度。
②膀胱腧（見穴位圖解六）：手心上下擦摩，以透熱為度。加轉腰。

處方四　與肝、膽有關的疾病

1.功 法

預備勢

身體自然站立，兩手鬆垂於體側。嘴唇微合，舌抵上
腭，面帶微笑，周身放鬆，緩緩地調整呼吸。眼平視前方
（圖 12-4-1）。

摩運章門舒肝膽

（1）動 作

①左腳向左開步，兩腿先屈後伸。同時，兩手置於小

圖 12-4-1

腹部並沿腹部上提後外分至章門穴（見穴位圖解十一），
手心向內。眼兼視兩手或平視前方（圖12-4-2～4）。

②兩手按壓章門穴後沿肝經脈（見經絡圖十二）摩運
下行至小腹部。同時，兩腿彎曲。眼兼視兩手（圖12-4-
5）。

圖 12-4-2

圖 12-4-3

圖 12-4-4

圖 12-4-5

③兩手掌指相對，如抱球狀向前、向上擺動至頭上方。同時，兩腿伸直。眼視前方（圖 12-4-6、7）。

　④左腳向右腳併攏，兩腿先屈後伸。同時，兩手分別向兩側緩緩下落於體側。眼視前方（圖 12-4-8、9）。

圖 12-4-6

圖 12-4-7

圖 12-4-8

圖 12-4-9

⑤右腳向右開步，兩腿先屈後伸。同時，兩手置於小腹部並沿腹部上提後外分至章門穴，手心向內。眼兼視兩手或平視前方（圖12-4-10～12）。

⑥兩手按壓章門穴後沿肝經脈摩運下行至小腹部。同時，兩腿彎曲。眼兼視兩手（圖12-4-13）。

圖12-4-10

圖12-4-11

圖12-4-12

圖12-4-13

⑦兩手掌指相對，如抱球狀向前、向上擺動至頭上方。同時，兩腿伸直。眼視前方（圖12-4-14、15）。

⑧隨著呼氣，右腳向左腳併攏，兩腿先屈後伸。同時，兩手分別向兩側緩緩下落於體側。眼視前方（圖12-4-16、17）。

圖 12-4-14

圖 12-4-15

圖 12-4-16

圖 12-4-17

如此重複 2 遍。

（2）要 點

①兩手按壓章門穴後沿肝經脈摩運下行時，意在疏散
淤積在肝臟的濁氣。

②兩手上擺至頭頂時，意
在調理三焦，使體內水、氣得
以順利疏導到周身各處。

（3）作 用

疏肝、利膽、調理三焦，
有助於防治慢性肝炎、肝硬
化、肝積水、肝結石、膽結
石、膽囊炎等肝膽疾病。

圖 12-4-18

結束勢

①兩手疊於丹田，男性左
手在內，女性右手在內，做 3
次細勻深長的腹式呼吸，意在
歸氣於丹田（圖 12-4-18）。

②兩手鬆垂於體側，回到
預備勢。眼看前方（圖 12-4-
19）。

〖相關經脈〗

章門穴。

圖 12-4-19

〔相關經脈〕

足厥陰肝經。

2. 輔助點穴

（1）手臂部

外關穴（見穴位圖解十九）：按揉 3～5 分鐘。

（2）胸腹部

章門穴（見穴位圖解十一）：按揉 3～5 分鐘。

（3）腿 部

①陽陵泉（見穴位圖解二十）：按揉 3～5 分鐘。
②膽囊穴（見穴位圖解二十）：按揉 3～5 分鐘。
③足三里（見穴位圖解十三）：按揉 3～5 分鐘。

（4）足 部

太衝穴（見穴位圖解十四）：按揉 3～5 分鐘。

（5）背 部

①肝腧（見穴位圖解六）：按揉 3～5 分鐘。
②膽腧（見穴位圖解六）：按揉 3～5 分鐘。
加擦兩脇。

處方五　與心、小腸有關的疾病

1.功法

預備勢

身體自然站立，兩手鬆垂於體側。嘴唇微合，舌抵上腭，面帶微笑，周身放鬆，緩緩地調整呼吸。眼平視前方（圖 12-5-1）。

溪水潺湲降心火

（1）動　作

①左腳向左開步，兩腿先屈後伸。同時，兩手向前上方擺起至約與胸平，兩手心向上。眼兼視兩手（圖 12-5-2～4）。

圖 12-5-1　　　　　　　　　圖 12-5-2

兩手從小指開始邊蜷指邊屈肘，兩手背相靠貼於胸前，合谷穴（見穴位圖解十二）向內。兩腿自然微屈。眼兼視兩手（圖12-5-5）。

　　②兩手沿腎經脈（見經絡圖八）摩運下行至小腹部，兩腿隨之彎曲。眼兼視兩手（圖12-5-6）。

圖 12-5-3

圖 12-5-4

圖 12-5-5

圖 12-5-6

③兩手分別向兩側、向上擺起，約與肩平，手心向下。同時，兩腿伸直。眼視前方（圖12-5-7）。

④兩手緩緩落於體側。同時，左腳向右腳併攏，兩腿先屈後伸。眼視前方（圖12-5-8、9）。

⑤右腳向右開步，兩腿先屈後伸。同時，兩手向前上

圖 12-5-7

圖 12-5-8

圖 12-5-9

方擺起至約與胸平，兩手心向上。眼視前方（圖 12-5-
10～12）。

　　兩手從小指開始邊蜷指邊屈肘，兩手背相靠貼於胸
前，合谷穴向內。兩腿自然微屈。眼兼視兩手（圖 12-5-
13）。

圖 12-5-10

圖 12-5-11

圖 12-5-12

圖 12-5-13

⑥兩手沿腎經脈摩運下行至小腹部，兩腿隨之彎曲。眼兼視兩手（圖12-5-14）。

⑦兩手分別向兩側、向上擺起，約與肩平，手心向下。同時，兩腿伸直。眼視前方（圖12-5-15）。

⑧隨著呼氣，兩手緩緩落於體側。同時，右腳向左腳併步，兩腿先屈後伸。眼視前方（圖12-5-16、17）。

圖12-5-14

圖12-5-15

圖12-5-16

圖12-5-17

如此重複2遍。

（2）要 點

①動作熟練以後，做第1和第5拍動作時，兩手應邊向上擺動邊蜷指邊屈肘，同時完成。

②兩手沿體前腎經脈摩運下行時，兩小指自然翹起，意在腎水上升，心火下降。

（3）作 用

調理手少陰心經（見經絡圖五）和足少陰腎經，舒心、強小腸，有助於防治高血壓、低血壓、心動過速、心動過緩、心律不整、冠心病等心血管系統疾病和小腸疾病。

結束勢

①兩手疊於丹田，男性左手在內，女性右手在內，做3次細勻深長的腹式呼吸，意在歸氣於丹田（圖12-5-18）。

②兩手鬆垂於體側，回到預備勢。眼看前方（圖12-5-19）。

圖12-5-18

圖12-5-19

〔相關穴位〕

合谷穴。

〔相關經脈〕

手少陰心經和足少陰腎經。

2. 輔助點穴

（1）手臂部

內關穴（見穴位圖解十六）：各點按 30 秒鐘，後輕揉。

（2）胸 部

①膻中穴（見穴位圖解四）：點揉 2～3 分鐘。
②屋翳穴（見穴位圖解二十一）：擦推胸部心區（由內向外），以屋翳穴為主。

（3）背 部

①大杼穴（見穴位圖解六）：按揉 3～5 分鐘。
②肺腧（見穴位圖解六）：按揉 3～5 分鐘。
③厥陰腧（見穴位圖解六）：按揉 3～5 分鐘。
④心腧（見穴位圖解六）：按揉 3～5 分鐘。

處方六　與脾、胃有關的疾病

1.功法

預備勢

　　左腳自開始勢（圖12-6-1）向左開步成太極樁，兩腳距離比肩略寬，兩腿自然彎曲，重心在兩腿間。兩肩鬆沉，兩手垂於體側，兩腋虛空，五指自然舒張。舌抵上腭，面帶祥和之意。兩眼平視前方或輕閉（圖12-6-2）。

圖 12-6-1

圖 12-6-2

調理脾胃須單舉

（1）動 作

①兩手托於腹前，手心向上。眼兼視兩手（圖 12-6-3）。

隨身體左後轉，左手內旋，下按於左胯側，手心向下；右手內旋，上托於頭上方，手心向上。眼看左後方（圖 12-6-4、附圖 12-6-4）。

②隨身體轉正，右手向前、向下落，手心向下；左手不動。眼看右手（圖 12-6-5）。

兩手落於體側。眼看前方（圖 12-6-6）。

③兩手托於腹前，手心向上。眼兼視兩手（圖 12-6-

圖 12-6-3

圖 12-6-4

7）。

　　隨身體右後轉，右手內旋，下按於右胯側，手心向下；左手內旋，上托於頭上方，手心向上。眼看右後方

附圖 12－6－4

圖 12－6－5

圖 12－6－6

圖 12－6－7

（圖 12-6-8、附圖 12-6-8）。

④隨身體轉正，左手向前、向下落。眼看左手（圖 12-6-9）。

兩手落於體側。眼看前方（圖 12-6-10）。

圖 12-6-8

附圖 12-6-8

圖 12-6-9

圖 12-6-10

如此重複共做 4 個 8 拍。

（2）要 點

①做第 2、4、6、8 拍動作時，上托手應向前、向下自然地緩緩下落，切勿直接下落。

②兩手腹前上托時，兩手指間的距離為 10～20 釐米，兩手與腹部保持適度距離，不可貼近腹部。

（3）作 用

調理足陽明胃經（見經絡圖三）和足太陰脾經（見經絡圖四），和胃健脾，有助於防治消化不良、慢性胃炎、胃潰瘍、脾肥大、胃腸漲氣等消化系統疾病。

結束式

①左腳向右腳併攏，兩腿先屈後伸。兩手疊於丹田，男性左手在內，女性右手在內，做 3 次細勻深長的腹式呼吸，意在歸氣於丹田。兩眼看前下方或輕閉（圖 12-6-11～13）。

②兩手鬆垂於體側，回到預備勢。眼看前方（圖 12-6-14）。

〔相關經脈〕

足陽明胃經和足太陰脾經。

圖 12-6-11

圖 12-6-12

圖 12-6-13

圖 12-6-14

2. 輔助點穴

（1）手臂部

內關穴（見穴位圖解十六）：點按 30 秒鐘，後輕揉。

（2）腹 部

①中脘穴（見穴位圖解二）：點按 30 秒鐘，後輕揉。

②天樞穴（見穴位圖解二十二）：點按 30 秒鐘，後輕揉。

③關元穴（見穴位圖解二）：點按 30 秒鐘，後輕揉。

（3）腿 部

足三里（見穴位圖解十三）：按揉 3～5 分鐘。

（4）背 部

①脾腧（見穴位圖解六）：按揉 3～5 分鐘。

②胃腧（見穴位圖解六）：按揉 3～5 分鐘。

加揉腹

①泄瀉者順時針動作次數多於逆時針動作次數，便秘者反之。

②保健者順、逆時針動作次數相同，為平補平泄。9～36 次／順時針，9～36 次／逆時針。

鍛鍊應遵循的基本原則

1. 20 天為一輔助療程。每天 1～2 次，每次 30～60 分鐘。若想透過運動減肥，則每次運動的時間為 60～90 分鐘。

2. 重症患者應多次少量，循序漸進。

3. 速度要緩要慢。

4. 勿在饑餓空腹或吃飽飯時進行鍛鍊。

5. 鍛鍊結束 1 小時後洗澡（忌冷浴），鍛鍊結束 2 小時內不可冷水洗手；浴後 20～30 分鐘可進行鍛鍊。

6. 孕婦不可做刺激腹部的練習。

7. 體療期間應儘量減少房事。

8. 原則上，應結合開脈太極首要的三個關鍵步驟進行鍛鍊，以取得更好的效果。

9. 每次鍛鍊完畢均應做整理活動，以取得最佳效果。

10. 輔助點穴鍛鍊不宜用於下列狀況：

（1）高燒時、急性傳染病期（如急性肝炎、肺結核、腦膜炎等）和某些傳染性疾病（如化膿性骨關節炎、骨結核、骨髓炎、蜂窩組織炎、丹毒）。

（2）有出血、化膿、濕疹等異常病變的皮膚或局部的燙傷、潰瘍性皮炎。

（3）各種出血病，如嘔血、便血、尿血、內臟出血（包括內臟損傷）。

（4）骨折早期或脫臼的部位。

（5）嚴重高血壓、心腦血管病變、肝炎、惡性腫瘤及精神病等患者慎用之，如有必要須由專家或醫生親自施術。

（6）婦女產後尚未恢復者。

（7）酒醉者。

持之以恆地堅持以上體療法將會取得良好的效果，並應與合理的膳食、良好的心理調節相結合。

常見穴位圖解

穴位圖解一

勞宮穴

【位置】掌心橫紋中，第2、3掌骨中間。

【取法】握拳，中指指尖下點處取穴（穴位圖一）。

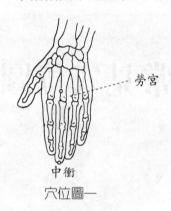

勞宮

中衝

穴位圖一

穴位圖解二

1. 鳩尾穴

【位置】在上腹部，前正中線上，胸劍結合部下1寸。

【取法】在臍上7寸，腹正中線上，仰臥，兩臂上舉取穴（穴位圖二）。

2. 中脘穴

【位置】在上腹部，前正中線上，當臍中上4寸。

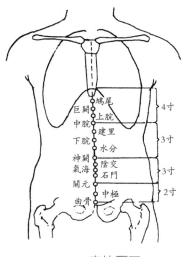

穴位圖二

【取法】在臍上 4 寸，腹正中線上，仰臥，於胸骨體下緣和臍中連線的中點處取穴（穴位圖二）。

3. 神厥穴

【位置】臍窩中央。

【取法】仰臥，於臍窩中點取穴（穴位圖二）。

4. 氣海穴

【位置】前正中線上，臍下 1.5 寸。

【取法】在臍下 1 寸 5 分，腹正中線上，仰臥取穴（穴位圖二）。

5. 關元穴

【位置】前正中線上，臍下 3 寸。

【取法】在臍下 3 寸，腹正中線上，仰臥取穴（穴位圖二）。

6. 曲骨穴

【位置】在前正中線上，恥骨聯合上緣的中點處。

【取法】仰臥，於腹正中線上，恥骨聯合上緣凹陷處取穴（穴位圖二）。

穴位圖解三

湧泉穴

【位置】足趾屈時，在足心陷者中。

【取法】捲足時，在足心前 1／3 凹陷處取穴（穴位圖三）。

穴位圖三

穴位圖解四

膻中穴

【位置】兩乳間陷者是。

【取法】仰臥取穴，前正中線上，兩乳頭之間，平第 4 肋間隙；或兩乳頭連線與前正中線的交點處（穴位圖四）。

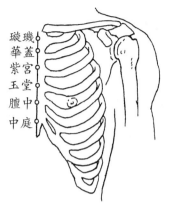

璇璣蓋宮
華紫
玉堂中
膻中
中庭

穴位圖四

穴位圖解五

鶴頂穴

【位置】在膝蓋骨尖上。

【取法】屈膝，於髕骨上緣中點上方之凹陷處取穴（穴位圖五）。

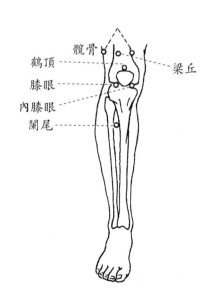

髕骨
鶴頂
膝眼
內膝眼
闌尾
梁丘

穴位圖五

穴位圖解六

1. 大杼穴

【位置】在項第一椎下，兩旁各 1.5 寸。

【取法】正坐伏位，於第一胸椎棘突下，督脈旁開 1.5 寸處取穴（穴位圖六）。

2. 肺腧

【位置】在第三椎下，兩旁各 1.5 寸。

【取法】伏臥位，於第三胸椎棘突下，督脈旁開 1.5 寸處取穴（穴位圖六）。

3. 厥陰腧

【位置】在第四椎下，兩旁各 1.5 寸。

【取法】伏臥位，於第四胸椎棘突下，督脈旁開 1.5 寸處取穴（穴位圖六）。

4. 心腧

【位置】在第五椎下，兩旁各 1.5 寸。

【取法】伏臥位，於第五胸椎棘突下，督脈旁開 1.5 寸處取穴（穴位圖六）。

5. 肝腧

【位置】在第九椎下，兩旁各 1.5 寸。

【取法】伏臥位，於第九胸椎棘突下，督脈旁開 1.5

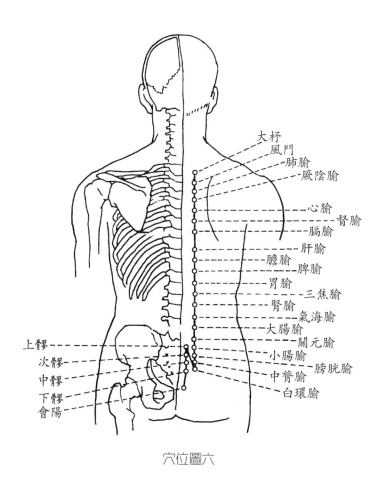

大杼
風門
肺腧
厥陰腧
心腧
督腧
膈腧
肝腧
膽腧
脾腧
胃腧
三焦腧
腎腧
氣海腧
大腸腧
關元腧
小腸腧
膀胱腧
中膂腧
白環腧

上髎
次髎
中髎
下髎
會陽

穴位圖六

寸處取穴（穴位圖六）。

6. 膽 腧

【位置】在第十椎下，兩旁各 1.5 寸。

【取法】伏臥位，於第十胸椎棘突下，督脈旁開 1.5 寸處取穴（穴位圖六）。

7. 脾 腧

【位置】在第十一椎下，兩旁各 1.5 寸。

【取法】伏臥位，於第十一胸椎棘突下，督脈旁開 1.5 寸處取穴（穴位圖六）。

8. 胃 腧

【位置】在第十二椎下，兩旁各 1.5 寸。

【取法】伏臥位，於第十二胸椎棘突下，督脈旁開 1.5 寸處取穴（穴位圖六）。

9. 腎 腧

【位置】在第十四椎下，兩旁各 1.5 寸。

【取法】俯臥，在第二腰椎棘突下，命門（督脈）旁開 1.5 寸處取穴（穴位圖六）。

10. 大腸腧

【位置】在第十六椎下，兩旁各 1.5 寸。

【取法】俯臥，在第四腰椎棘突下，腰陽關（督脈）旁開 1.5 寸處取穴，約與髂嵴高點相平（穴位圖六）。

11. 膀胱腧

【位置】在第十九椎下，兩旁各 1.5 寸。

【取法】俯臥，平第二骶後孔，當髂後上棘內緣下與骶骨間的凹陷中取穴（穴位圖六）。

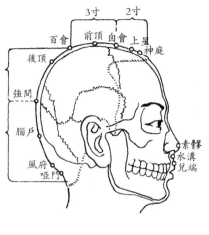

穴位圖七

穴位圖解七

百會穴

【位置】在前頂後 1.5 寸，頂中央旋毛中，陷可容指。

【取法】正坐，在後髮際中點上 7 寸處；或於頭部中線與兩耳尖連線的交點處取穴（穴位圖七）。

穴位圖解八

大椎穴

【位置】在大椎第一間。

【取法】俯伏或正坐低頭，於第七頸椎棘突下凹陷中

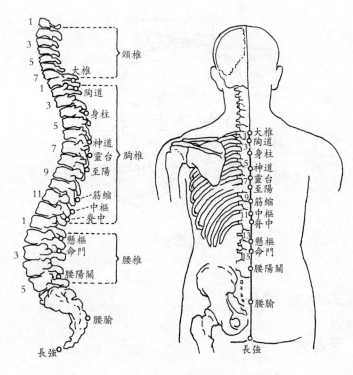

穴位圖八

取穴（穴位圖八）。

穴位圖解九

太谿穴

【位置】在足內踝後跟骨上，動脈陷者中。

【取法】在足內踝與跟腱之間的凹陷處取穴（穴位圖九）。

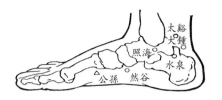

穴位圖九

穴位圖解十

三陰交

【位置】內踝上3寸，骨下陷者中。

【取法】於內踝高點上3寸，脛骨內側面後緣取穴（穴位圖十）。

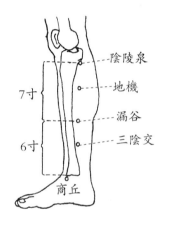

穴位圖十

穴位圖解十一

章門穴

【位置】在腹側部，橫平神闕穴，上直腋中線。

【取法】側臥位，伸下腿屈上腿，在十一肋游離端下舉臂取穴（穴位圖十一）。

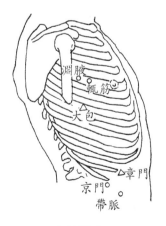

穴位圖十一

穴位圖解十二

合谷穴

【位置】在手拇指、食指間，局部呈山谷樣凹陷。

【取法】在第一、第二掌骨之間，約當第二掌骨橈側之中點取穴（穴位圖十二）。

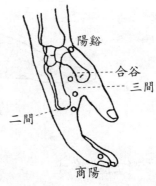

穴位圖十二

穴位圖解十三

足三里

【位置】在膝下3寸。

【取法】在犢鼻下3寸，距脛骨前嵴外側1橫指，當脛骨前肌上，屈膝或平臥取穴（穴位圖十三）。

穴位圖解十四

太衝穴

【位置】在足大趾末節後2寸；或曰1.5寸凹陷中。

【取法】在足第一、第二跖骨結合部之前凹陷中取穴

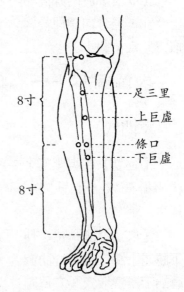

穴位圖十三

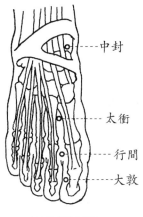

穴位圖十四

（穴位圖十四）。

穴位圖解十五

天突穴

【位置】在頸結喉下２寸，胸骨上窩中央。

【取法】正坐仰頭，在胸骨切跡上緣正中凹陷中（穴位圖十五）。

穴位圖十五

穴位圖解十六

內關穴

【位置】在前臂掌面的下段,當曲澤與大陵的連線上,大陵上2寸。

【取法】仰掌,於腕橫紋上2寸,當掌長肌腱與橈側腕屈肌腱之間取穴（穴位圖十六）。

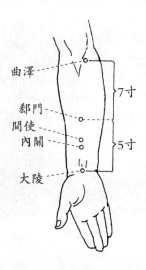

穴位圖十六

穴位圖解十七

列缺穴

【位置】在前臂橈側緣,橈骨莖突上方,太淵穴斜上1.5寸。

【取法】伸臂側掌。在橈骨莖突上方,腕橫紋上1.5寸。簡便取法:兩手虎口自然平直交叉,一手食指壓在另一手的橈骨莖突上,當食指指間端到達的凹陷處取穴（穴位圖十七）。

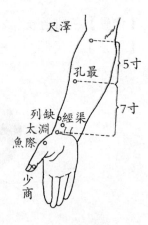

穴位圖十七

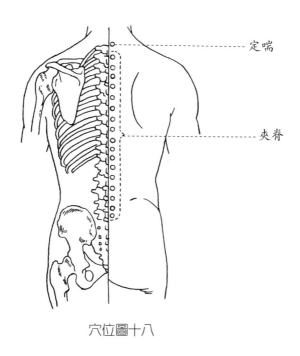

定喘

夾脊

穴位圖十八

穴位圖解十八

定喘穴

【位置】在背上部，第七頸椎棘突下，旁開0.5寸。

【取法】俯伏或伏臥，於第七頸椎棘突旁開0.5寸處取穴（穴位圖十八）。

四瀆
三陽絡
支溝
外關
會宗
陽池
9寸
3寸

穴位圖十九

穴位圖解十九

外關穴

【位置】在腕後２寸陷者中。

【取法】伸臂伏掌，於腕背橫紋上２寸，當橈骨與尺骨之間取穴（穴位圖十九）。

穴位圖解二十

1.陽陵泉

【位置】在膝下1寸。

【取法】在小腿前外面
的上部，在腓骨小頭前下方
凹陷中取穴（穴位圖二
十）。

2.膽囊穴

【位置】在陽陵泉下1
寸左右之壓痛點處，或小腿前外側上部，當腓骨頭前下方
凹陷處直下2寸。

【取法】正坐或側臥，於陽陵泉直下1寸左右之壓痛
最明顯處取穴（穴位圖二十）。

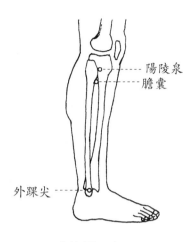

穴位圖二十

穴位圖解二十一

屋翳穴

【位置】在胸部，庫房
下1.6寸。

【取法】正坐或仰臥，
位於第二肋間隙，前正中線
旁開4寸處取穴（穴位圖二
十一）。

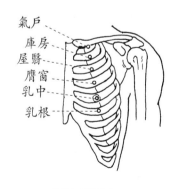

穴位圖二十一

不容
承滿
梁門
關門
太乙
滑肉門
天樞
外陵
大巨
水道
歸來
氣衝

8寸

5寸

穴位圖二十二

穴位圖解二十二

天樞穴

【位置】在中腹部，去盲腧1.5寸，俠臍兩旁各2寸陷者中。

【取法】仰臥，在臍中（神厥穴）旁開2寸取穴（穴位圖二十二）。

常見經絡圖

經絡圖一

手太陰肺經

【循行】起於中焦，下絡大腸，還循胃口（下口幽門，上口賁門），通過膈肌，屬肺，從肺系（與肺相連的氣管、支氣管及喉嚨等）橫行至胸部外上方（中府穴），出腋下，沿上肢內側前緣下行，過肘窩，入寸口，上魚際，直出拇指橈側端（少商穴）。

【分支】從手腕的後方（列缺穴）分出，沿掌背側走向食指橈側端（商陽穴），交於手陽明大腸經（經絡圖一）。

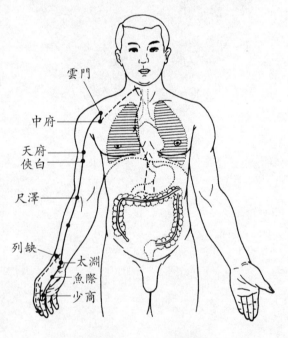

經絡圖一　手太陰肺經

經絡圖二

手陽明大腸經

【循行】起於食指橈側端（商陽穴），經過手背部行於上肢伸側（外側）前緣，上肩，至肩關節前緣，向後到第七頸椎棘突下（大椎穴），再向前下行入缺盆（鎖骨上窩），進入胸腔絡肺，向下通過膈肌下行至大腸，屬大腸。

【分支】從鎖骨上窩上行，經頸部至面頰，入下齒中，回出挾口兩旁，左右交叉於人中，至對側鼻翼旁（迎香穴），交於足陽明胃經（經絡圖二）。

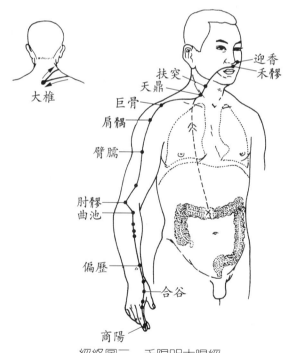

經絡圖二　手陽明太腸經

經絡圖三

足陽明胃經

【循行】起於鼻翼旁（迎香穴），挾鼻上行，左右交會於鼻根部，旁行入目內眥，與足太陽相交，向下沿鼻柱外側，入上齒中，出而挾口兩旁，環繞口唇，在頦唇溝承漿穴處左右相交，退回沿下頜骨後下緣到大迎穴處，沿下頜角上行過耳前，經過上關穴（客主人），沿髮際，到額前。

【分支】從頦下緣（大迎穴）分出，下行到人迎穴，沿喉嚨向下後行至大椎，折向前行，入缺盆，深入體腔，下行穿過膈肌，屬胃，絡脾。

【直行者】從缺盆出體表，沿乳中線下行，挾臍兩旁（旁開2寸），下行至腹股溝處的氣衝（氣衝穴）。

【分支】從胃下口幽門處分出，沿腹腔內下行至氣街，與直行之脈會合，而後沿大腿之前側下行，至膝臏，向下沿脛骨前緣行至足背，入足第二趾外側端（厲兌穴）。

【分支】從膝下3寸處（足三里穴）分出，下行入中趾外側端。

【分支】從足背（衝陽穴）分出，前行入足大趾內側端（隱白穴），交於足太陰脾經（經絡圖三）。

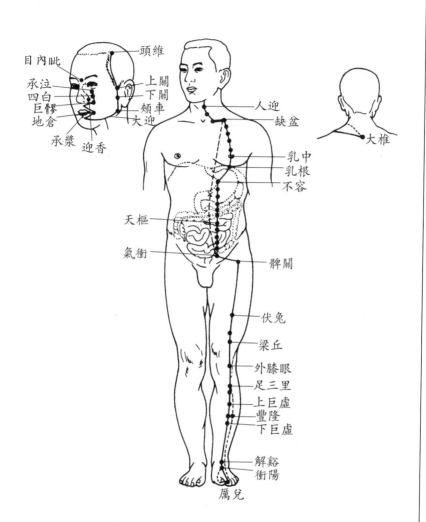

頭維
目內眥
承泣
四白
巨髎
地倉
承漿　迎香
關
上　門
下　頰車
大迎

人迎
缺盆

大椎

乳中
乳根
不容

天樞

氣衝

髀關

伏兔

梁丘

外膝眼

足三里

上巨虛

豐隆

下巨虛

解谿
衝陽

厲兌

經絡圖三　足陽明胃經

經絡圖四

足太陰脾經

【循行】起於足大趾內側端（隱白穴），沿內側赤白肉際上行過內踝的前緣，沿小腿內側正中線上行，至內踝尖上 8 寸處，交出足厥陰肝經之前，上行沿大腿內側前緣，進入腹中，屬脾，絡胃。向上穿過膈肌，沿食道兩旁，連舌本，散舌下。

【分支】從胃別出，上行通過膈肌，注入心中，交於手少陰心經（經絡圖四）。

經絡圖五

手少陰心經

【循行】起於心中，走出後屬心系（心與其他臟腑相連的脈絡），向下穿過膈肌，絡小腸。

【分支】從心系分出，挾食道上行，連於目系（目與腦相連的脈絡）。

【直行者】從心系出來，退回上行經過肺，向下淺出腋下（極泉穴），沿上肢內側後緣，過肘中，經掌後銳骨端（豌豆骨），進入掌中，沿小指橈側，出小指橈側端（少衝穴），交於手太陽小腸經（經絡圖五）。

衝門

血海

陰陵泉

地機

三陰交

商丘

公孫

隱白

經絡圖四　足太陰脾經

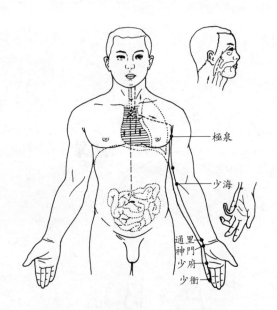

極泉

少海

通里
神門
少府
少衝

經絡圖五　手少陰心經

經絡圖六

手太陽小腸經

【循行】起於小指尺側端（少澤穴），沿手背尺側上腕部，循上肢外側後緣，過肘部，到肩關節後面，繞行肩胛部，交肩上後入大椎穴，再前行入缺盆，深入體腔，絡心，沿食道下行，穿過膈肌，到達胃部，下行，屬小腸。

【分支】從缺盆出來，沿頸部上行到面頰，至目外眦後，退行進入耳中（聽宮穴）。

【分支】從面頰部分出，向上行於目眶下，至目內眦（睛明穴），交於足太陽膀胱經（經絡圖六）。

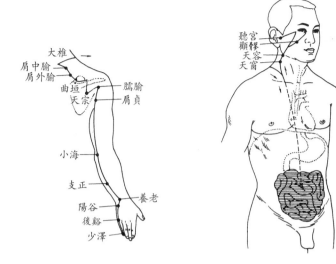

經絡圖六　手太陽小腸經

經絡圖七

足太陽膀胱經

【循行】起於目內眥（睛明穴），向上到達額部，左右交會於頭頂部（百會穴）。

【分支】從頭頂部分出，到耳上角處的頭側部。

【直行者】從頭頂部分出，向後行至枕骨處，進入顱腔，絡腦，回出後下行到項部（天柱穴），下行交會於大椎穴，再分左右沿肩胛內側、脊柱兩旁（脊柱正中旁開 1.5 寸）下行，到達腰部（腎腧穴），進入脊柱兩旁的肌肉，深入體腔，絡腎，屬膀胱。

【分支】從腰部分出，沿脊柱兩旁下行，穿過臀部，

從大腿後側外緣下行至委中穴。

【分支】從項部（天柱穴）分出下行，經肩胛內側，從附分穴挾脊（脊柱正中旁開3寸）下行至髖關節（當環跳穴處），經大腿後側至委中穴與前一支脈會合，然後下行穿過腓腸肌，出走於足外踝後，沿足背外側緣至小趾外側端（至陰穴），交於足少陰腎經（經絡圖七）。

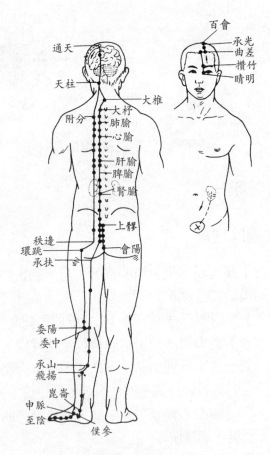

經絡圖七　足太陽膀胱經

經絡圖八

足少陰腎經

【循行】起於足小趾下，斜行於足心（湧泉穴），出行於舟骨粗隆下，沿內踝後，分出進入足跟部，向上沿小腿內側後緣至膝後內側，上股內側後緣入脊內（長強穴），穿過脊柱至腰部，屬腎，絡膀胱。

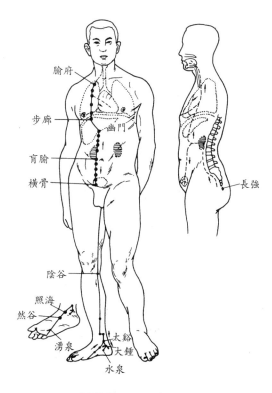

經絡圖八　足少陰腎經

【直行者】從腎上行，穿過肝和膈肌，進入肺，沿喉嚨，到舌根兩旁。

　　【分支】從肺中分出，絡心，注入胸中，交於手厥陰心包經（經絡圖八）。

經絡圖九

手厥陰心包經

　　【循行】起於胸中，出屬心包絡，向下穿過膈肌，依次絡於上、中、下三焦。

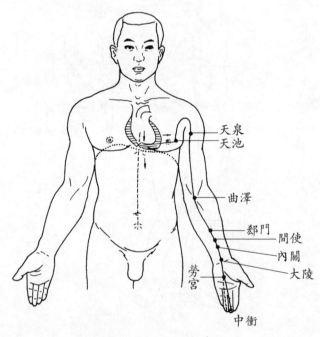

天泉
天池

曲澤

郄門
間使
內關
大陵

勞宮

中衝

經絡圖九　手厥陰心包經

【分支】從胸中分出，沿胸淺出脇部，當腋下３寸處（天池穴），向上至腋窩下，沿上肢內側中線入肘，過腕部，入掌中（勞宮穴），沿中指橈側，出中指端（中衝穴）。

　　【分支】從掌中分出，沿無名指出尺側端（關衝穴），交於手少陽三焦經（經絡圖九）。

經絡圖十

手少陽三焦經

　　【循行】起於無名指出尺側端（關衝穴），向上沿無名指尺側至手腕背面，上行前臂外側尺、橈骨之間，過肘間，沿上臂外側向上至肩部，向前行入缺盆，布於膻中，散絡心包，穿過膈肌，依次屬上、中、下三焦。

　　【分支】從膻中分出，上行出缺盆，至肩部，左右交會於大椎，分開上行到項部，沿耳後（翳風穴）直上出耳上角，然後屈曲向下經面頰部至目眶下。

　　【分支】從耳後分出，進入耳中，出走耳前，經上關穴前，在面頰部與前一支相交，至目外眥（瞳子髎穴），交於足少陽膽經（經絡圖十）。

⑤

⑦

膻中

心包

⑥　注心中
　　合心主

三焦

外關

②

①

關衝

委陽

肩井
④
秉風
③

大椎

⑨　頷厭

懸厘
上
關

瞳子髎

顴髎

聽宮

⑩

⑧

經絡圖十　手少陽三焦經

經絡圖十一

足少陽膽經

【循行】起於目外眥（瞳子髎穴），上至額角（頷厭穴），再向下到耳後（完骨穴），再折向上行，經額部至眉上（陽白穴），又向後折至風池穴，沿頸下行至肩上，左右交會於大椎穴，分開前行入缺盆。

【分支】從耳後完骨穴分出，經翳風穴進入耳中，出走於耳前，過聽宮穴至目外眥後方。

【分支】從目外眥分出，下行至下頷部的大迎穴處，同手少陽經分佈於面頰部的支脈相合，復行至目眶下，再向下經過下頷角部，下行至頸部，經頸前人迎穴旁，與前脈會合於缺盆。然後下行進入胸腔，穿過膈肌，絡肝，屬膽，沿脅裏淺出氣街，繞毛際，橫向至髖關節（環跳穴）處。

【直行者】從缺盆下行至腋，沿胸側，過季脅，下行至髖關節（環跳穴）處與前脈會合，再向下沿大腿外側、膝關節外緣，行於腓骨前面，直下至腓骨下端（絕骨穴又名懸鍾穴），淺出外踝之前，沿足背行出於足第四趾外側端（足竅陰穴）。

【分支】從足背（足臨泣穴）分出，前行出足大趾外側端，折回穿過爪甲，分佈於足大趾爪甲後叢毛處，交於足厥陰肝經（經絡圖十一）。

經絡圖十一　足少陽膽經

図labels: 頷厭、完骨、陽白、目外眥、聽宮、風池、翳風、大椎、肩井、淵液、日月、京門、維道、居髎、環跳、風市、中瀆、陽陵泉、膽囊穴、陽交、外丘、光明、懸鍾、丘墟、足臨泣、足竅陰

經絡圖十二

足厥陰肝經

【循行】起於足大趾爪甲後叢毛處，向上沿足背至內踝前 1 寸處（中封穴），向上沿脛骨內緣，在內踝尖上 8 寸處交出足太陰脾經之後，上行過膝內側，沿大腿內側中

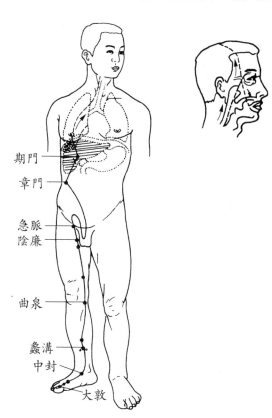

期門
章門

急脈
陰廉

曲泉

蠡溝
中封
大敦

經絡圖十二　足厥陰肝經

線進入陰毛中，繞陰器，至小腹，挾胃兩旁，屬肝，絡膽，向上穿過膈肌，分佈於脇肋部，沿喉嚨的後邊，向上進入鼻咽部，上行連接目系，出於額，上行與督脈會於頭頂部。

【分支】從目系分出，下行頰裏，環繞口唇的裏邊。

【分支】從肝分出，穿過膈肌，向上注入肺，交於手太陰肺經（經絡圖十二）。

經絡圖十三

任脈

【循行】起於胞中，下出會陰，沿陰阜，沿腹部和胸部正中線上行，至咽喉，上行至下頜部，環繞口唇，沿面頰，分行至目眶下。

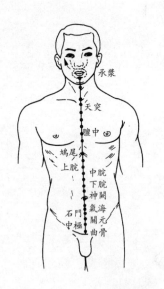

經絡圖十三　任脈

【分支】由胞中別出，與沖脈相併，行於脊柱前。

「任」有擔任、妊養之意。任脈的主要功能為：調節陰經氣血，為「陰脈之海」；任主胞胎，與女子月經來潮和妊養、生殖功能有關（經絡圖十三）。

經絡圖十四

督脈

【循行】起於胞中，下出會陰，沿脊柱裏面上行，至項後風府穴處進入顱內，絡腦，並由項沿頭部正中線，經頭頂、額部、鼻部、上唇，到上唇系帶處。

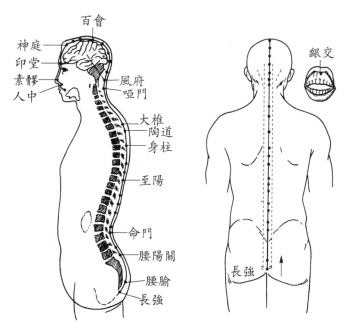

經絡圖十四　督脈

【分支】從脊柱裏面分出，絡腎。

【分支】從小腹內分出，直上貫臍中央，上貫心，到喉部，向上到下頜部，環繞口唇，再向上到兩眼下部的中央。

「督」有總督、督管、統領之意。督脈的主要功能為：調節陽經氣血，反映腦、髓、腎的功能（經絡圖十四）。

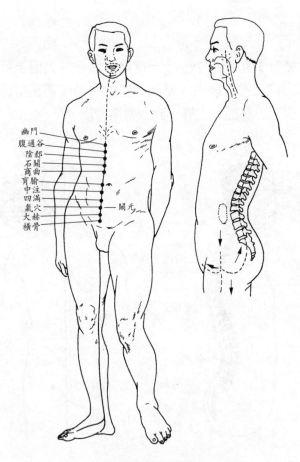

幽門
腹通谷
陰都
關門
石商曲
肓腧
中注
四滿
氣穴
大赫
橫骨

關元

經絡圖十五　沖脈

經絡圖十五

沖脈

【循行】與足少陰腎經並行，下出於會陰，上至目下，能涵蓄十二經脈的氣血，所以有「十二經脈之海」之稱，也叫「血海」（經絡圖十五）。

經絡圖十六

帶脈

【循行】起於脇下，繞腰一周，狀如束帶，約束諸經（經絡圖十六）。

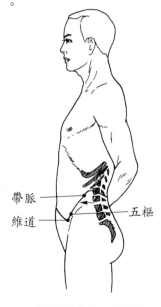

帶脈
維道
五樞

經絡圖十六　帶脈

經絡圖十七、十八

陰蹻脈和陽蹻脈

【循行】陰蹻脈起於足跟內側，伴足少陰腎經上行（經絡圖十七）；陽蹻脈起於足跟外側，伴足太陽膀胱經上行。兩脈交會於目內眥，有共同調節肢體運動和眼瞼開合的功能（經絡圖十八）。

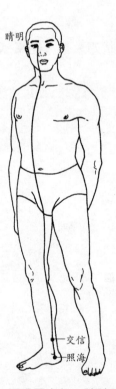

經絡圖十七　陰蹻脈

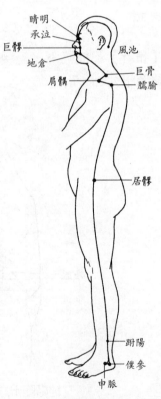

經絡圖十八　陽蹻脈

經絡圖十九、二十

陰維脈和陽維脈

【循行】陰維脈與六陰經相聯繫，在頸部與任脈會合，主一身之裏，調節六陰經的經氣（經絡圖十九）；陽維脈與六陽經相聯繫，在頸部與督脈會合，主一身之表，調節六陽經的經氣（經絡圖二十）。它們共同維持陰陽之間的協調和平衡。

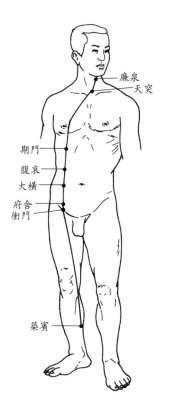

經絡圖十九　陰維脈

經絡圖二十　陽維脈

主要參考文獻

1. 新世紀全國高等中醫藥院校規畫教材編委會編・中醫基礎理論・北京：中國中醫藥出版社，2002

2. 新世紀全國高等中醫藥院校規畫教材編委會編・針灸學・北京：中國中醫藥出版社，2002

3. 新世紀全國高等中醫藥院校規畫教材編委會編・經絡腧穴學・北京：中國中醫藥出版社，2003

4. 全國高等中醫藥院校中醫藥教材編委會編・腧穴學・ 上海：上海科學技術出版社，1984

5. 關春芳主編・登上健康快車・北京：北京出版社，2002

6. 張文廣編著・廣播太極拳・鄭州：河南科學技術出版社，1985

7. 中國武術研究院審定. 四式太極拳競賽套路・北京：人民體育出版社，1989

8. 張湖德主編・中華養生寶典・北京：中國青年出版社，1995

9. 陳祖瑞等主編・中國養生大全・天津：天津人民出版社，1988

10. 施杞主編・實用中國養生全書・上海：學林出版社，1990

11. 體育院、系教材編審委員會編・武術・北京：人民體育出版社，1985

導引養生功 系列叢書

張廣德養生著作

每冊定價350元

全系列為彩色圖解附教學光碟

彩色圖解太極武術

1 太極功夫扇

定價220元

2 武當太極劍

定價220元

3 楊式太極劍

定價220元

4 楊式太極刀

定價220元

5 二十四式太極拳+VCD
定價350元

6 三十二式太極劍+VCD

定價350元

7 四十二式太極劍+VCD

定價350元

8 四十二式太極拳+VCD

定價350元

9 楊式十六式太極劍拳

定價350元

10 楊氏二十八式太極拳+VCD

定價350元

11 楊式太極拳四十式+VCD

定價350元

12 陳式太極拳五十六式+VCD

定價350元

13 吳式太極拳五十六式+VCD

定價350元

14 精簡陳式太極拳八式十六式

定價220元

15 精簡吳式太極拳三十六式 拳架・推手

定價220元

16 夕陽美功夫扇

定價220元

17 綜合四十八式太極拳+VCD

定價350元

18 三十二式太極拳 四段

定價220元

19 楊式三十七式太極拳+VCD

定價350元

20 楊氏五十一式太極劍+VCD

定價350元

古今養生保健法　強身健體增加身體免疫力

1 醫療養生氣功

定價250元

養生保健 系列叢書

2 中國氣功圖譜

定價250元

3 少林醫療氣功精粹

定價250元

4 龍形實用氣功

定價220元

5 魚戲增視強身氣功

定價220元

7 道家玄牝氣功

定價200元

8 仙家秘傳祛病功

定價160元

9 少林十大健身功

定價180元

10 中國自控氣功

定價250元

11 醫療防癌氣功

定價250元

12 醫療強身氣功

定價250元

13 醫療點穴氣功

定價250元

14 中國八卦如意功

定價180元

15 正宗馬禮堂養氣功

定價420元

16 秘傳道家筋經內丹功

定價300元

17 三元開慧功

定價250元

18 防癌治癌新氣功

定價180元

19 禪定與佛家氣功修煉

定價200元

20 顛倒之術

定價360元

21 簡明氣功辭典

定價360元

22 八卦三合功

定價230元

23 朱砂掌健身養生功

定價250元

24 抗老功

定價230元

25 意氣按穴排濁自療法

定價250元

27 健身祛病小功法

定價200元

28 張氏太極混元功

定價250元

29 中國璇密功

定價250元

30 中國少林禪密功

定價200元

31 郭林新氣功

定價400元

32 八卦之源與健身養生

定價280元

33 現代原始氣功1

定價400元

太極跤

1 太極防身術
定價300元

2 擒拿術
定價280元

3 中國式摔角
定價350元

簡化太極拳

1 陳式太極拳十三式
定價200元

2 楊式太極拳十三式
定價200元

3 吳式太極拳十三式
定價200元

4 武式太極拳十三式

定價200元

5 孫式太極拳十三式
定價200元

6 趙堡太極拳十三式
定價200元

原地太極拳

1 原地綜合太極二十四式
定價220元

2 原地活步太極四十二式
定價200元

3 原地簡化太極拳二十四式
定價200元

4 原地太極拳十二式
定價200元

5 原地青少年太極拳二十二式
定價220元

6 原地兒童太極拳十播十六式
定價180元

健康加油站

1 糖尿病預防與治療

定價200元

2 胃部機能與強健

定價180元

3 不孕症治療

定價200元

4 簡易醫學急救法

定價200元

5 肥胖健康診療

定價200元

6 肝功能健康診療

定價200元

7 高血壓健康診療

定價200元

8 高血糖值健康診療

定價200元

9 尿酸值健康診療

定價200元

10 膽固醇中性脂肪健康診療

定價200元

11 痛風劇痛消除法

定價180元

12 三溫暖健康法

定價180元

13 手‧腳病理按摩

定價180元

14 B型肝炎預防與治療

定價180元

15 吃得更漂亮、健康

定價180元

16 茶使您更健康

定價180元

17 圖解常見疾病運動療法

定價180元

18 科學健身改變亞健康

定價180元

運動精進叢書

1 怎樣跑得快 定價200元

2 怎樣投得遠 定價180元

3 怎樣跳得遠 定價180元

4 怎樣跳的高 定價180元

5 高爾夫揮桿原理 定價220元

6 網球技巧圖解 定價220元

7 陳式太極拳十三式 排球技巧圖解 定價230元

8 沙灘排球技巧圖解 定價230元

9 撞球技巧圖解 定價230元

10 籃球技巧圖解 定價220元

11 足球技巧圖解 定價230元

快樂健美站

1 柔力健身球 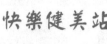 定價200元

2 自行車健康享瘦 定價200元

3 跑步鍛鍊走路減肥 定價200元

4 創造健康的肌力訓練 定價200元

5 舒適超級伸展體操 定價200元

6 水中有氧運動 定價200元

7 雕塑完美身材 定價200元

8 創造超級兒童 定價200元

9 陳式太極拳十三式 頭腦聰明 定價200元

10 防止老化的身體改造訓練 定價200元

11 三個月塑身計畫 定價200元

12 懶人族瑜伽 定價200元

13 忙裡偷閒練瑜伽基礎篇 定價200元

14 忙裡偷閒練瑜伽祛病養生篇 定價200元

15 健身跑激發身體的潛能 定價200元

16 中華鐵球健身操 定價200元

17 彼拉提斯健身寶典 定價200元

19 瑜伽美姿美容 定價180元

傳統民俗療法 系列叢書

品冠文化出版社

1 神奇刀療法
定價200元

2 神奇拍打療法
定價200元

3 神奇拔罐療法
定價200元

4 神奇艾灸療法
定價200元

5 神奇貼敷療法
定價200元

6 神奇薰洗療法
定價200元

7 神奇耳穴療法
定價200元

8 神奇指針療法
定價200元

9 神奇藥酒療法
定價200元

10 神奇藥茶療法
定價200元

11 神奇推拿療法
定價200元

12 神奇止痛療法
定價200元

13 神奇天然藥食物療法
定價200元

14 神奇新穴療法
定價200元

15 神奇小針刀療法
定價200元

常見病藥膳調養叢書

1 脂肪肝四季飲食

定價200元

2 高血壓四季飲食

定價200元

3 慢性腎炎四季飲食
定價200元

4 高脂血症四季飲食

定價200元

5 慢性胃炎四季飲食

定價200元

6 糖尿病四季飲食

定價200元

7 癌症四季飲食

定價200元

8 痛風四季飲食

定價200元

9 肝炎四季飲食

定價200元

10 肥胖症四季飲食

定價200元

11 膽囊炎、膽石症四季飲食

定價200元

品冠文化出版社

歡迎至本公司購買書籍

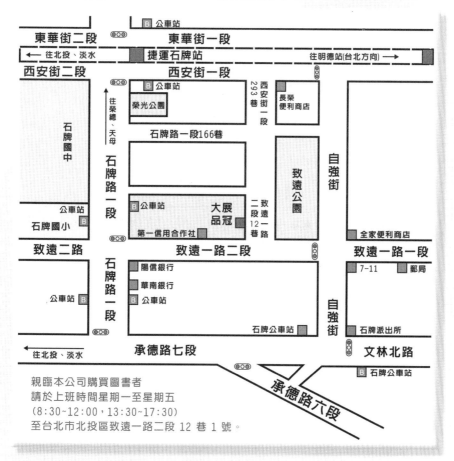

建議路線

1.搭乘捷運

　　淡水線石牌站下車，由出口出來後，左轉(石牌捷運站僅一個出口)，沿著捷運高架往台北方向走(往明德站方向)，其街名為西安街，至西安街一段293巷進來(巷口有一公車站牌，站名為自強街口)，本公司位於致遠公園對面。

2.自行開車或騎車

　　由承德路接石牌路，看到陽信銀行右轉，此條即為致遠一路二段，在遇到自強街(紅綠燈)前的巷子左轉，即可看到本公司招牌。

國家圖書館出版品預行編目資料

<養生>開脈太極／劉新　著
　　——初版，——臺北市，大展，2007〔民96〕
　　面；21公分，——（養生保健；34）
　　ISBN　978-957-468-524-0（平裝）
1.太極拳
528.972　　　　　　　　　　　　　　96001547

<養生>開脈太極

ISBN-13：978-957-468-524-0

著　　者／劉　新
責任編輯／李彩玲
發 行 人／蔡森明
出 版 者／大展出版社有限公司
社　　址／台北市北投區（石牌）致遠一路2段12巷1號
電　　話／（02）28236031・28236033・28233123
傳　　眞／（02）28272069
郵政劃撥／01669551
網　　址／www.dah-jaan.com.tw
E－mail／service@dah-jaan.com.tw
登 記 證／局版臺業字第2171號
承 印 者／高星印刷品行
裝　　訂／建鑫印刷裝訂有限公司
排 版 者／弘益電腦排版有限公司
授 權 者／北京人民體育出版社
初版1刷／2007年（民96年）4月
　　　　　　　　　　　　　　定　價／300元